書きたいことが見つかる

はじめての
レポート作成
トレーニング

The Basics of Academic Essay Writing

村上佳恵・李址遠 著

くろしお出版

はじめに

　本書は、日本の大学で学ぶ留学生と日本人学生が、レポートの作成のプロセスを、協働学習を通して学んでいくための教科書です。

　大学生は、大学での学びの過程で、自分の考えや主張、学んだ知識や調べた情報などを論理的にまとめてレポートを作成することを求められます。筆者らは、このようなレポートの作成には、テーマの設定方法や情報収集といったレポート作成のプロセスに関する知識、レポートに使われる表現、そして、「特定のテーマについて自ら問いを立て、それについて論理的に考える力」が必要であると考えています。本書は、これらを一緒に、少しずつ身につけていけるようにデザインした教科書です。

◆本書の目標

本書では、以下のことを目指します。

・レポートという文章の特徴とその作成のプロセスを理解できる。

・レポートに用いられる様々な日本語の表現を知り、適切に使用できる。

・自分の意見や主張、調べたことを論理的に表現できる。

・文献や資料を適切に引用してレポートを作成できる。

・自分が書いた文章と他者が書いた文章を批判的に読み、改善できる。

◆対象となる学習者

　本書は、留学生（日本語能力試験N2レベル以上）を含む日本の大学（学部）で学ぶ学生を対象にしています。

◆本書の特徴

①「伝えたい」気持ちをそそる多彩なテーマと豊富な読み物

　本書では、現代社会で実際に起きていて、かつ、大学での学びにもつながる問題を各課のテーマとして取り上げています。各課にはそれぞれのテーマに関する様々な読み物（新聞記事、エッセイ、論文など）を掲載しています。読み物は特定のテーマについて考えるための材料としてだけでなく、学生がそこから必要な情報を引用して、自身のレポートの作成に活用できる資料としての役割も担っています。また、読み物に対する理解を確かめるための内容確認の問題や、テーマに関する考えを広げ、深めるための話し合いの問題も用意してあります。

☞ 特定のテーマに関する読み物を読み、自ら考え、問いを立て、自身の主張や調べたことを伝えるために文章を書くという自然な流れの中でレポートを書く練習ができる。

② モデルとなる文章の提示

　各課の「 Model 表現に注目して読んでみよう」では、学生が文章を書く際に参考にできるモデルとなる文章を提示しています。 Model では、各課で学ぶ「表現」とともに、何をどういう順番で書くかという文章の構成の例が示してあります。

☞ Modelを「真似」して自分の文章を書く練習を繰り返す中で、表現の適切な使い方と論理的に文章を構成する力を身につけることができる。

③ レポート作成に必要な知識やスキルの段階的かつ反復的な学習

　レポートを作成する際に必要となる幅広い知識やスキル（問いの立て方、アウトラインの作成方法、文章の構成、文献や資料の調べ方、引用の仕方など）をレポート作成のプロセスごとに、段階的に、かつ、繰り返し学べるようにデザインしています。

☞ レポートの特徴とその作成のプロセスを理解し、必要となる知識やスキルを着実に身につけていくことができる。

④ ピア・ラーニング（協働学習）

　テーマを決める、問いを立てるといったレポート作成の様々な段階にピア・ラーニング（協働学習）を取り入れることにより、学生が他者の多様な考えに触れ、「他者に伝えるために書く」ことを意識できるようにデザインしています。各課の「レポートを読み合う」のセクションでは、学生が互いのレポートを読み、コメントを述べ合う活動を用意しています。

☞ 自分と他者のレポートを批判的に読む力を身につけることができる。
☞ 他者の意見を踏まえて自分の文章を改善することができる。

　本書の中で扱うレポート作成に関わる幅広い知識や情報、そして、本書が提示する「読む」「書く」「話し合う」といった様々な活動は、単に「いいレポート」を書くためだけのものではなく、大学生として主体的に学び、考え、表現する力を身につける上で重要な意味を持つものだと考えています。本書が、大学生のみなさんの充実した学びを支え、みなさん一人ひとりが自分の夢を実現する一助となることを願っています。

2024年3月31日
村上 佳恵・李 址遠

目　次

本書の使い方

◆**本書の構成**

　本書は全8課から構成されています。以下に示す通り、各課は基本的に「読み物＆表現」「レポート作成の階段」「レポートを読み合う」の3種類のセクションからなっています。課によって含まれるセクションの種類と数に若干の違いがありますが、基本的には「読み物＆表現」が二つ、「レポート作成の階段」「レポートを読み合う」が一つずつと、四つのセクションから一つの課が構成されており、本書全体としては計30のセクションとなります。以下では、セクションを「S」と表記する場合があります。

	セクション	学習内容
S1	読み物＆表現	テーマに関する読み物を読み、知識を活性化します。次に、モデル文章（ Model ）を読んで構成と表現を学習し、短めの文章を作成します。
S2	レポート作成の階段	レポート作成に必要な知識やスキルを学びます。次に、課のテーマに関する問いを立て、レポートを作成します。
S3	レポートを読み合う	他の学生とレポートを読み合い、コメントを述べ合います。もらったコメントを参考にしてレポートを修正します。

　くろしお出版の本書のWebサイトからは、「内容確認」の問題と「表現」の練習問題の解答、そして、ワークシートなどの付属資料をダウンロードできます。ワークシートは、編集できますので適宜修正してお使いください。

 https://www.9640.jp/books_973/

パスワード　**Hajrep24**

無断でウェブにアップロードすることは違法です
※本データは、本書のご購入者・所有者を対象に提供しているものです。
　図書館の館内閲覧または館外貸出で、本書を一時的に利用される方は、
　本データの利用はご遠慮ください。

◆**授業の進め方**

　本書は、1コマ90分の1年間の授業（計30回）で使用することを想定して作成してあります。1回の授業で一つのセクションを進んでいくと、1年間で本書が終わるようになっています。以下では、セクションごとに、授業の進め方の一例を示します。以下の進め方は、授業外での学生の事前学習と事後学習を想定したものです。

セクション1 読み物＆表現

	教科書	時間	学習活動
事前学習	**1. 読み物** ◆内容確認		学生は、事前課題として「読み物」の読解と「内容確認」の問題に取り組み、解答を学習支援システム（LMS）から提出します。「内容確認」の問題には、「読み物」の一部を抜き出して答えるものだけはなく、自分で内容をまとめて答える問題も含まれています。
授業		15分	授業では、「読む前に」の質問などでウォーミングアップをしてから、「内容確認」の解答を確認します。LMSで提出された解答をいくつかWordやPowerPointに貼り付けておき投影すると、スムーズに答え合わせができます。質問文の形式に合った言語形式で解答しているかも確認します。
	◆話し合い	15分	学生同士が話し合いを行うための質問を二つ用意してあります。グループで話し合い、最後にどのような意見が出たかをクラスで共有します※。
	2. 表現と練習 ◆ Model 表現に注目して読んでみよう ◆構成 ◆表現	45分	Model は、学生が授業後に課題として作成する文章のモデルとなるものです。はじめに、このことを学生に伝えてください。 Model を読み、構成を確認したら、次に「表現」の練習問題に取り組み、解答を確認します。練習問題もグループで解答を確認し合うなど、協働学習を取り入れてください。
	◆やってみよう	10分	「やってみよう」では、ここまで学んだ構成と表現に関する知識を活かして短い文章を書く練習を行います。空欄を埋めて文章を完成させる問題や、提示された情報やヒントを基に文章を作成する問題などがあります。
	3. 課題	5分	「課題」は、内容を自分で考えて文章を作成する問題です。 Model を参考にして、自分で考えたことを文章にまとめます。指示文をクラスで読み、質問を受けた上で、文章の作成は宿題とします。必要に応じて、クラスでどんなことを書くか話し合い、アイディアを共有してもよいです。
事後学習			学生は、事後課題として課題に取り組み、提出します。提出された課題は、教師が添削し、必要に応じてクラス全体でフィードバックの時間を設けてください。

※時間が足りない場合は、「◆話し合い」をS1では行わずに、S2で「読み物」の振り返りに使うこともできます。

セクション2　レポート作成の階段

	教科書	時間	学習活動
授業	各課のタイトル	15分	クラス全体で、S1の「読み物」の内容や「話し合い」で話し合ったことを振り返ります。
	目標 **1.**（各課でレポート作成に必要な知識を扱っています）	30分	各課のS2では、レポート作成に必要な知識を一つか二つ扱っています。各課の目標をクラスで確認した上で、教師が解説します。
	2. レポートを書いてみよう ◆話し合ってみよう ◆書いてみよう	45分	「レポートを書いてみよう」では、その課で作成するレポートの課題を提示し、レポート作成の前作業を掲載してあります。短い文章から始め、課を追うごとに長い文章を作成するようになっています。 　書く前に、レポートのテーマについてグループで話し合います。グループで出たアイディアだけで進めてもよいですし、各グループでどんなアイディアが出たか教師が板書しながらクラスで共有することもできます。 　最初にレポートの「問い」と「答え」を決め、アウトラインを作成した上で、レポートを書き始めるようになっています。アウトラインを作成する前に、セクションの最後にある〈確認表〉をクラスで確認してください。〈確認表〉には、その課のレポートで押さえたい点を示してあります。 　レポートの作成は課題とします（進度によっては、アウトラインの作成も課題とします）。レポートを作成した後は必ず〈確認表〉を用いて自分のレポートをチェックし、自己評価欄を◎または○にして提出するように伝えます。それから、「提出したレポートは次の授業でクラスの人と読み合う」ということを必ず伝えてください。
事後学習			学生は、事後課題としてレポートの作成に取り組みます。レポートの作成後は、〈確認表〉を用いて、各課のレポート作成のポイントを押さえているかを確認します。修正が必要な場合は、自分で修正します。

教師の事前準備

学生同士でレポートを読み合う活動をするための準備をしておきます。

・レポートの準備

　オンラインで活動を行う場合は、学生が提出した電子ファイルをグループの学生で共有できるようにしておきます。教室で紙媒体を用いて活動を行う場合は、教師が必要部数を印刷する、または、学生に印刷して持参するように指示をする、のいずれかの方法を取ります。

・グループのメンバー決め

　活動をするグループのメンバーと、グループの中で、誰が誰のレポートから読むかを決め、学生が確認できるようにしておきます。読む順番まで指示することで、個々の学生の読む作業に要する時間に差があっても、誰からもレポートを読んでもらっていないという学生が出ることを防ぐことができます。

	教科書	時間	学習活動
授業	目標	30分	はじめに、「目標」を確認します。1〜4課では、各課に「何のために読みあうのか」「話し合いを上手に進める方法」など、協働学習に慣れるための知識や活動を入れてありますので、教師が講義をしたり、学生が活動に取り組んだりして使います。5課以降、学生が話し合いの活動に慣れてきたら、レポートの読解と分析により多くの時間を使います。
	◆コメントを述べ合いレポートを修正する。	60分	各自、グループの他の学生のレポートを読みコメントを準備します。時間になったら、話し合いを始めます。各課には話し合いの手順も記載してあります。最後に、クラスで話し合がうまく進んだか、振り返りを行います。
事後学習			学生は、事後課題として、もらったコメントをもとにレポートを修正し提出します。教師は、必要に応じてクラス全体または個人に対しフィードバックを行います。

　なお、本書の使い方については、第1課の「表現＆読み物」「レポート作成の階段」の二つのセクションにも説明のコメントをつけてありますので、そちらもご参照ください。第1課をお使いいただくことで、教師も学生も本書の使い方が分かるようになっています。

凡例

- ☐☐☐☐☐☐　四角の中に、語、句、文が入ることを示す。

  ※学習の利便性のため、四角の中には、「名詞」といった品詞が記載されて
  いるものと、「概念」「具体例」といった語句または文の意味的な範疇が入っ
  ているものがある。

- A／B　四角の中に、AまたはBが入ることを示す。

- ～　四角の中に、文が入ることを示す。

- ～〔　〕四角の中の〔　〕には、当該の文が文章の中で果たす意味的な機能などを示す。

  例：～〔主張〕

  　　～〔引用文〕

- （　）カッコ内の文の語句が、文中に現れないこともあることを示す。

  例：以上（のこと）から、～と言える。

- ┃　┃　2本の縦線に挟まれている複数の表現が、いずれも使用できることを示す。

- V　：動詞
- Vる　：動詞の非過去形
- Vた　：動詞の過去形
- Vて　：動詞のて形
- Vば　：動詞の条件形
- Vない形：動詞のない形（例：「作らない」の「作ら」、「読まない」の「読ま」）
- V（自）：自動詞
- V（他）：他動詞

第 **1** 課

異文化間
コミュニケーション

> **読む前に**
> • 日本人について、どのようなイメージを持っていますか。
> • あなたが持っているイメージと異なる日本人に会ったことがありますか。

1. 読み物 ◀───

> 各課の「読み物」では、課のテーマに関連する新聞記事やエッセイ、学術論文などを読みます。読み物は第2課以降のセクション2「レポート作成の段階」で作成するレポートのテーマにつながりますので、注意深く読みましょう。

第7章 異文化の認識

『異文化理解入門』原沢伊都夫（2013）研究社

（前略）

〈確認チェック9〉

　以下の人に対するイメージを一言で言ってください。よいこと、悪いこと、いろいろな面があると思いますが、あなたにとって一番強いイメージを1つだけ選び、下の表に書き入れてください。

人	あなたにとって一番強いイメージ
（例）女子高生	ミニスカート
政治家	
医者	

解説

　私たちの頭の中で無意識に形成される概念について考える問題です。ここに挙げたイメージが、皆さんの頭の中でファイリングされたグループを表すキーワードの一つとなります。皆さんは、上に挙げた人を見たりその人に会ったりした場合、無意識に右に書いたようなイメージを思い浮かべるでしょう。そして、そのイメージに基づいてその人を評価することになります。

（中略）

3. ステレオタイプ

　私たちの脳内にストックされ、カテゴリー化されたものがすべて同じ特性をもつとする考え方を**ステレオタイプ**と呼びます。主に人の集団（学校、会社、宗教などに所属するグループ）や社会的カテゴリー（性別、職業、国籍などによって区別されるカテゴリー）に対して強い思い込みをもつという意味で使われることが多いと言えます。前ページの〈確認チェック9〉で書き入れたイメージでそのカテゴリー

の人全員を判断しようとするとステレオタイプに陥ります。

ステレオタイプには、個人として独自に形成される場合と社会的に共有される場合とがあります。次のジョークは、社会的ステレオタイプの上に成り立っています[9]。

　船が沈みだし、船長が乗客たちに速やかに海へ飛び込むように指示する時、一番効果的な言葉は国籍によって異なります。

　　　アメリカ人：飛び込めばあなたは英雄になります。

　　　イギリス人：飛び込めばあなたは紳士です。

　　　ド イ ツ 人：飛び込むのがこの船の規則です。

　　　イタリア人：飛び込めば女にもてるぞ。

　　　フランス人：飛び込まないでくれ！

　　　日　本　人：みんな飛び込んでますよ。

　このジョークを読んで面白いと感じる人は、このジョークに潜むステレオタイプを共有していることになります。ステレオタイプは複雑な集合体を単純化するために記憶しやすい半面、物事を一面的に捉え、そこに所属する個人を正しく認識できなくなるという欠点があります。

　したがって、過度のステレオタイプを避け、全体としての傾向を認めつつ、それがすべてではないとする考え方（一般化）をする必要があります。たとえば「日本人は勤勉である」はステレオタイプ、「日本人には勤勉な人が多いが、そうでない人もいる」と考えるのが「一般化」ということになります。毎日異文化に接する私たちは、ステレオタイプで物事を判断しないように絶えず注意する必要があると言えるでしょう。

（以下略）

(9) 早坂隆（2006）『世界の日本人ジョーク集』（pp.110–111）による。

◆ 内容確認

本文を読んで、以下の質問に答えてください。

(1) ステレオタイプとは何ですか。

(2) 本文中の各国の人々に対するジョークの背後にはどのようなステレオタイプがあると思いますか。

(3) ステレオタイプの利点と欠点は何ですか。

(4) 本文における「一般化」とステレオタイプの違いは何ですか。

◆ 話し合い

(1) あなたの国でよく言われる日本人のステレオタイプには、どのようなものがありますか。

(2) ステレオタイプが異なる文化を持つ人とのコミュニケーションの妨げになった経験はありますか。

2. 表現と練習

> 目標：概念の定義を引用し、具体例を挙げ、具体例が定義に当てはまると述べる。

> Model は、以下で「課題」として作成する文章の手本となるものです。各セクションで練習する「表現」を太字で、文章の「構成」を色で示してあります。

◆ Model　表現に注目して読んでみよう

『日本大百科全書』によると、ステレオタイプとは、「特定の文化によってあらかじめ類型化され、社会的に共有された固定的な観念ないしイメージ」のことである。例えば、「日本人は本当の気持ちを言わない」がそれに当たる。日本の文化を紹介する書籍では、このようなイメージが「本音」と「建前」という言葉で取り上げられている。また、留学生が日本での体験を綴ったブログなどでは、「日本人はなかなか本当の気持ちを言わないため、親しくなるのに時間がかかる」といった記述が見られ、このイメージが社会的に共有されていることがわかる。

しかし、日本人の中にも自分の気持ちを正直に話すことを良いことだと考え、実践する人はいる。また、日本語には、場の雰囲気を考慮せずに行動することを指す「空気が読めない」という表現があるが、この表現が存在することも、言いたいことを素直に口に出す人がいることを表している。このように、「日本人は本当の気持ちを言わない」は、類型化され社会的に共有された固定的なイメージである。したがって、これはステレオタイプの一例であると言える。

014

〈参考文献〉

「ステレオタイプ」『日本大百科全書（ニッポニカ）』Japan Knowledge

　　https://japanknowledge.com（2023.1.27参照）

◆ 構成　←　以下で作成する「課題」の構成を示しています。

概念の定義を引用する。概念に当てはまる具体例を挙げる。詳しく説明し具体例が定義に当てはまると述べる。

◆ 表現　←　「表現」では、以下で「課題」を作成するときに必要になる文型や表現を学びます。

表現1　概念の定義を引用する。

『辞書名』	によると、	概念	とは「	～ 名詞	」	（のこと）である。
著者名（刊行年）	によれば、					（のこと）を意味する。
						（のこと）を指す。

※ここでは、辞書や書籍の文を「　」に入れて引用する直接引用を扱います。直接引用では、記号や、漢字で書くかひらがなで書くかといった表記を含め、元の文を一切変更してはいけません。

[Model]　『日本大百科全書』によると、ステレオタイプとは、「特定の文化によってあらかじめ類型化され、社会的に共有された固定的な観念ないしイメージ」のことである。

[例1]　原沢（2013）によれば、ステレオタイプとは、「私たちの脳内にストックされ、カテゴリー化されたものがすべて同じ特性をもつとする考え方」を指す。

(練習)

　下線部に適切な表現を入れて、文章を完成させてください。

① 久米・長谷川（2007）a.＿＿＿＿＿＿、コミュニケーションb.＿＿＿＿、「自己と他者の間で行われるメッセージのやりとり」c.＿＿＿＿＿＿＿＿。

　次の文章の下線部を「　」に入れて引用し、下の文を完成させてください。

②
> ノンバーバル‐コミュニケーション【non-verbal communication】
> 言葉を用いないコミュニケーションの総称。写真・イラストレーションからジェスチャーや音楽まで、さまざまな伝達方法がある。
> 辞書名：『デジタル大辞泉』

> 　a.＿＿＿＿＿＿＿＿＿＿＿＿＿＿＿によると、ノンバーバル・コミュニケーションとは、b＿＿＿＿＿＿＿＿＿＿＿＿である。

③ 文化とパーソナリティ

　「文化」には多種多様な定義があるが、ここでは、<u>人々が共有している生活様式の総体ならびに価値観や思想の体系を指す</u>。一方、「パーソナリティ」は人の行動において、時や状況に関係なく一貫性と独自性が認められる個性とされる。(以下略)

辞書名：『異文化コミュニケーション事典』

---

a.　　　　　　　　　　　　　　　　によれば、文化とは、b.　　　　　　　　　

　　　　　　　　　　　　　　　　　　　　　　　　　　　　　　　　　　　。

④ 深層文化と表層文化

　「深層文化」とは、<u>文化の深層構造を構成する精神的、心理的、道徳的要素であり、その文化の構成員自身は必ずしも意識していない側面</u>である。それに対して、「表層文化」とは、<u>外部の観察者にとっても容易に気づくことのできる側面</u>である。(以下略)

辞書名：『異文化コミュニケーション事典』

---

a.　　　　　　　　　　　　　　　　　によると、深層文化とは、b.　　　　　　

　　　　　　　　　　　　　　　　　　　　　　　　　　　　　　　　　　　

　　　　　　　　　　　　　　　　　　　　　　　　　　　　　　　　　　。

一方、表層文化とは、c.　　　　　　　　　　　　　　　　　　　　　　　　

　　　　　　　　　　　　　　　　　　　　　　　　　　　　　　　　　　。

※引用をした場合は、引用元の文献の書誌情報を参考文献または引用文献として記載します。参考文献の書き方は分野により異なりますが、本書では次の形式を用います（参考文献リストの書き方は、4-2-1で学びます。具体例はpp.90–91を参照。）。

・書籍：著者名（刊行年）『書籍名』出版者
・辞書：「項目名」『辞書名』編者（刊行年）出版者
・オンライン辞書：「項目名」『辞書名』サイト名　URL　（○○年○月○日参照）

表現2　概念に当てはまる具体例を挙げる。

　| ～ 〔概念の定義〕 |。例えば、| 具体例 | がそれに当たる。

| Model | 　| ～ 〔概念の定義〕 |。**例えば、「日本人は本当の気持ちを言わない」がそれに当たる。**

表現3　詳しく説明し具体例が定義に当てはまると述べる。

| ～〔詳しい説明〕。 | したがって、
以上のことから、
このことから、 | 具体例 は、 名詞句 の一例であると言える。 |

[Model]　　～〔詳しい説明〕。このように、「日本人は本当の気持ちを言わない」は、類型化され社会的に共有された固定的なイメージである。**したがって、**これは**ステレオタイプの一例であると言える。**

[例2]　　～〔詳しい説明〕。以上のことから、「日本人は本当の気持ちを言わない」は、ステレオタイプの一例であると言える。

（練習）

　下線部に適切な表現を入れて、文章を完成させてください。波線部は、自分で内容を考えましょう。

⑤ 『異文化コミュニケーション事典』によれば、表層文化とは「外部の観察者にとっても容易に気づくことのできる側面」である。a.＿＿＿＿＿＿、料理、映画などb.＿＿＿＿＿＿＿＿。これらは具体的な形を伴っており、異なる文化圏に属する人でも、それに接しさえすればすぐに認知できる文化的側面である。c.＿＿＿＿＿＿＿、料理や映画は、表層文化d.＿＿＿＿＿＿＿＿＿＿＿＿＿。

⑥ 『異文化間コミュニケーション事典』によると、文化変容とは、「すでに習得した文化とは異なる文化に接触し、それ以前とは異なる文化的要素を身に付けること」を指す。a.＿＿＿＿＿、長く日本で生活した欧米の留学生が、家の中で靴を履くのを嫌がるようになることb.＿＿＿＿＿＿＿＿＿。これは、日本での生活を通して新たな文化的習慣を身に付けたことを意味しており、文化変容の一例c.＿＿＿＿＿＿＿＿。

⑦ 『異文化コミュニケーション事典』によれば、深層文化とは「文化の深層構造を構成する精神的、心理的、道徳的要素であり、その文化の構成員自身は必ずしも意識していない側面」である。例えば、望ましい人間関係のあり方に対する信念a.＿＿＿＿＿＿＿＿＿。ある文化では個人間の上下関係の存在を当然とみなし、上下関係の中で適切にふるまうことを重視するが、他の文化では、個人間の平等を何よりも重視する。このような望ましい人間関係のあり方に対する信念は、b.～～～。このことから、望ましい人間関係のあり方に対する信念は、深層文化の一例であると言える。

〈参考文献〉

「深層文化と表層文化」『異文化コミュニケーション事典』石井敏・久米昭元編集代表（2013）春風社

「ノンバーバル‐コミュニケーション【non-verbal communication】」『デジタル大辞泉』Japan Knowledge
　　https://japanknowledge.com（2023.1.27参照）

「文化化と文化変容」『異文化コミュニケーション事典』石井敏・久米昭元編集代表（2013）春風社
「文化とパーソナリティ」『異文化コミュニケーション事典』石井敏・久米昭元編集代表（2013）春風社
久米昭元・長谷川典子（2007）『ケースで学ぶ異文化コミュニケーション―誤解・失敗・すれ違い』有
　斐閣
原沢伊都夫（2013）『異文化理解入門』研究社

◆ やってみよう ◄

> 「やってみよう」では、学習した「表現」を使って
> 簡単な文章を作成します。

　「ノンバーバル・コミュニケーション」の定義を引用し、その具体例を挙げ、なぜその例が「ノンバーバル・コミュニケーション」の例であると言えるのかを説明する文章を作成してください。まず、ノンバーバル・コミュニケーションの具体例と、それによってどのようなメッセージが伝わるかを考え、次の表1の空欄に入れて表を完成させます。次に、三つの例から一つを用いて、下の文章を完成させてください。選択した例がどのようなメッセージを伝えるのか、言葉を足して丁寧に説明しましょう。

表1　ノンバーバル・コミュニケーションの具体例と伝わるメッセージ

ノンバーバル・コミュニケーションの具体例	伝わるメッセージ
例：クラスの人にあいさつをされたときに、無視する。	怒っている、あなたとは話したくない等のメッセージを伝える。
例：高価なアクセサリーを身につける。	

　　『デジタル大辞泉』によると、ノンバーバル・コミュニケーションとは、「言葉を用いないコミュニケーション」のことである。例えば、a.＿＿＿＿＿＿＿＿＿＿＿＿＿＿＿＿＿＿＿＿＿＿＿＿＿がそれに当たる。b.＿＿＿

{このことから／したがって}、c.＿＿

〈参考文献〉

「ノンバーバル‐コミュニケーション【non-verbal communication】」『デジタル大辞泉』
　Japan Knowledge　https://japanknowledge.com（2023.1.23参照）

3. 課題

> 「課題」では、指示に従って短い文章を作成します。「課題」で作成する文章の内容や構成、長さ、使用する表現などは Model を参考にしてください。

　Model を参考にして、カルチャー・ショックの定義とその具体例を挙げ、なぜその例がカルチャー・ショックの例であると言えるのかを説明する文章を作成してください（300～400字）。まず、次の百科事典の下線部を「　」に入れて引用し、「カルチャー・ショック」の定義を書きます。次に、具体例（どんな人が、何を見て、または何を体験してどんな衝撃を受けるか）を挙げ、詳しく説明します。最後に、その例がカルチャー・ショックの一例であることを述べてください。

『日本大百科全書』カルチャー・ショック（culture shock）

　文化的衝撃の意味。個人が自分の考え方、価値観、行動様式、生活規範とは異なる文化環境と接したときに受ける心理的衝撃をいうが、短気になったり、食欲不振や不眠症に陥るなどの症状を呈することもある。（以下略）

　以下の課題作成用のワークシート（書き込むスペースがあるもの）を本書webサイトよりダウンロードできます。

〈ワークシートの見本〉

〈参考文献〉

「カルチャー・ショック」『日本大百科全書（ニッポニカ）』JapanKnowledge

https://japanknowledge.com（2023.1.27 参照）

1-2 レポート作成の階段①
レポートの構成要素

> 目標：レポートの構成要素を知り、構成要素が入った文章を作成できるようになる。

1. レポートの構成要素

◆ レポートとは？

　本書では、レポートを次のように定義します。レポートとは、以下の三つの要素が含まれている文章です。

　　a. 問い
　　b. 問いに対する答え
　　c. 論証（その答えがなぜ正しいと言えるのかの説明）

　1-1の Model では、ステレオタイプの定義を引用し、その具体例を挙げる文章を読みました。これは、「ステレオタイプの具体例にはどのようなものがあるか」という「問い」に対して、「日本人は本当の気持ちを言わない」という「答え」を、「なぜそれがステレオタイプの具体例であると言えるか」という「論証」を通して提示したものと捉えれば、短いですが一つのレポートと言えます。

　　問い：ステレオタイプの具体例には、どのようなものがあるか
　　答え：「日本人は本当の気持ちを言わない」はステレオタイプである
　　論証：「なぜそれがステレオタイプの具体例であると言えるか」
　　　　　・ステレオタイプとは、特定の文化によってあらかじめ類型化され、社会的に共有された固定的な観念ないしイメージ。
　　　　　・「日本人は本当の気持ちを言わない」は、日本文化の書籍で「本音」と「建て前」といった概念を用いて取り上げられている。留学生の日本での体験記にも記述がある。→社会的に共有されている。
　　　　　・しかし、本当の気持ちを言う日本人もいる。➡「日本人は本当の気持ちを言わない」は、あらかじめ類型化されたイメージで、ステレオタイプである。

◆ 三つの要素が入っている文章のサンプル

　レポートを構成する三つの要素が入っている文章の例を見てみましょう。次の文章は、

1-1 の　Model　の問いを明示したものです（1-1 の文章のように、問いが文章の表面上には現れ
ない場合もあります）。

　　『日本大百科全書』によると、ステレオタイプとは、「特定の文化によってあらかじめ
類型化され、社会的に共有された固定的な観念ないしイメージ」のことである。ステレ
オタイプの具体例には、どのようなものがあるのだろうか。例えば、「日本人は本当の
気持ちを言わない」がそれに当たる。日本の文化を紹介する書籍では、このようなイメー
ジが「本音」と「建前」という言葉で取り上げられている。また、留学生が日本での体
験を綴ったブログなどでは、「日本人はなかなか本当の気持ちを言わないため、親しく
なるのに時間がかかる」といった記述が見られ、このイメージが社会的に共有されてい
ることがわかる。
　　しかし、日本人の中にも自分の気持ちを正直に話すことを良いことだと考え、実践す
る人がいる。また、日本語には、場の雰囲気を考慮せずに行動することを指す「空気が
読めない」という表現があるが、この表現が存在することも、言いたいことを素直に口
に出す人がいることを表している。このように、「日本人は本当の気持ちを言わない」は、
類型化され社会的に共有された固定的なイメージである。したがって、これはステレオ
タイプの一例であると言える。

〈参考文献〉
「ステレオタイプ」『日本大百科全書（ニッポニカ）』JapanKnowledge
　　　https://japanknowledge.com（2023.1.27 参照）

2. レポートを書いてみよう

　　「ステレオタイプの例にはどのようなものがあるか」という問いに答える短いレポートを
書いてみましょう（300〜500字）。

◆ 話し合ってみよう

　　日本には、「東北地方の人は無口だ」というステレオタイプがあります。あなたの国では、
特定の地域の住人に対するステレオタイプがありますか。または、ある職業に就いている人、
ある年齢層の人に対するステレオタイプがありますか。該当する例をたくさん出してグルー
プの人と共有しましょう。

〈メモ〉

◆ 書いてみよう

❶ 内容を考える

　共有した例から一つ選び、なぜそれがステレオタイプの例だと言えるのか、考えてみましょう。

〈メモ〉

ステレオタイプの定義：
『日本大百科全書』
「特定の文化によってあらかじめ類型化され、社会的に共有された固定的な観念ないしイメージ」
問い：ステレオタイプの例には、どのようなものがあるか。
答え：
論証：

❷ レポートの作成

　メモを基に短いレポートを作成してください。まず、❸の〈確認表〉を見て、どのような内容のレポートが求められているか、確認しましょう。書き終えたら、〈確認表〉の「自己評価」の欄を記入してください。

📥 レポート作成用のワークシートを本書webサイトよりダウンロードできます。

❸ クラスの人と読み合ってみよう

　クラスの人とレポートを読み合って〈確認表〉に記入しましょう。そして、感想を述べ合います。まず、良いと思った点を述べます。次に、わかりにくいと感じた点や改善が必要な点を述べましょう。

〈確認表〉　よくできた◎　できた〇　もう少し△　残念×

	項目	自己評価	記入者氏名		
1	ステレオタイプの定義が書いてある。				
2	問いに対する明確な答えがある。				
3	なぜその答えなのかが丁寧に説明してある。				

第 **2** 課

新しいサービス

読み物1＆表現

> **読む前に**
> - あなたはウィキペディアをよく使いますか。
> - ウィキペディアについて、どんなことを知っていますか。

1. 読み物

**オンライン百科事典の日本語版
あなたも共同執筆者に　知識寄せ合い日々成長**

『読売新聞』古川英樹　2003.09.02（東京夕刊）

　ネットユーザーの知力を結集して史上最大の百科事典をオンライン上に作ろうという世界的なプロジェクトが進んでいる。この百科事典「ウィキペディア（Wikipedia）」は2001年1月に英語版がスタートした後、他の言語への対応が始まり、現在、41言語まで活動の輪が広がっている。日本語版もスタートしている。あなたも執筆者になってはいかが。

　「最初は、『誰でも執筆に参加できるプロジェクトなんて変わっているなあ』と思っただけ。それが、本当にうまくいくのか、どこまで出来るのか、見届けたいという気持ちになった」

　米国在住の大学講師、渡辺智暁さん（30）は、昨年11月、英語版のサイトと出合い、日本語版の管理人を引き受ける気になった動機をこう振り返る。

　ウィキペディアは、誰もが自由に執筆・編集作業に参加し、利用できる百科事典だ。もともとは、米国在住のプログラマーら二人によって始まり、その成功を受け、今年6月、非営利組織のウィキメディア財団が発足して運営を引き継いだ。

　英語版の項目数は、現在約15万3千件に達し、項目数も、個々の内容も日々、成長・充実し続けている。日本語版も、今年に入って一気に活動が本格化、項目数は1万件に迫っている。

　■ **参加するには**

　ウィキペディアの共同作業を可能にしているのは、名称の由来にもなっているソフトウエア「ウィキ」だ。ハワイの言葉で「素早く」を意味するというこのソフトで作られたサイトは、初めて訪れたユーザーでも、読むだけでなく、編集にも参加できる。

　特別な道具だてや手続きは不要。ウェブ閲覧ソフトでウィキペディア日本語版のサイト（http://ja.wikipedia.org/）にアクセスするだけだ。各ページには「このページを編集する」というリンクがある。ここをクリックすると、編集用画面に切り替わ

るので、他のユーザーが書いた文章を書き換えたり、書き加えたり、削除さえもできる。もちろん、新しい項目を立てるのも自由。

　自分の書いた文章が改変、削除されても嘆くことはない。各ページには「履歴」へのリンクがあり、ここをたどると、最初の投稿から編集、追加された文章がすべてそれぞれの時点でどう書き換えられたのか一目で分かるよう保存されているからだ。

■ 共同作業が大事

　「投稿する側からすると、知識の物々交換をしている感覚」と、あるユーザーは話す。イラク戦争の開戦直後に項目を新たに作って投稿すると、他のユーザーが、時間について「米国東部時間」という注記を入れてくれたのに始まり、直後から続々と編集・追記が加わってどんどん充実した項目に成長した経験が強く印象に残っているという。

　また、別のユーザーは、「サンスクリット」の項目に「梵語（ぼんご）」とだけ書き込んだ。それが現在は、発音や文法の解説まで記されているのを見て、「私の力では到底及ばないことが実現している」と驚く。

　管理者の渡辺さんは、「当初、半信半疑だった私の目からは予想以上の成功」と語る。一方で「ウィキペディアが理想とするコラボレーション（共同作業）のためには、まだまだ参加者が少ない」と言い、「誰しも熟知している分野を持っているもの。また、一人では優れた記事は書けなくても、他の人の書いたものを読んで、抜け落ちている情報や視点を補うことならできる場合も多い」と、より多くの参加を期待している。

◆ 内容確認

　本文を読んで、以下の質問に答えてください。

(1) ウィキペディアは、どのような目的で始まりましたか。

(2) ウィキペディアの共同作業を可能にするソフトウェアに、「素早く」を意味する「ウィキ」という名前が付けられているのは、どのような理由からだと思いますか。本文の内容を基にあなたの考えを述べてください。

(3) 記事には、二人のウィキペディアのユーザーの感想が掲載されています。二人のユーザーは、ウィキペディアを共同で編集することにどのような利点があると考えていますか。

（4）渡辺さんがウィキペディアに関わり始めたころと現在（新聞記事が出たとき）では、どのような気持ちの変化が見られますか。簡潔にまとめてください。

◆ 話し合い

（1）ウィキペディアの記事を編集したことがありますか。機会があればしてみたいですか。それは、どうしてですか。

（2）ウィキペディアの登場によって、世界はどう変わりましたか。肯定的な側面と否定的な側面を考えてみましょう。

2. 表現と練習

> 目標：サービスや制度の仕組みをわかりやすく説明する。

◆ Model 　表現に注目して読んでみよう

　ウィキペディアは、無料で利用できるインターネット上の多言語百科事典である。世界中の誰もが自由に執筆や編集ができるという点が最大の特徴である。MediaWiki というソフトウェアを使えば、誰でも既存の記事を編集したり、新たな記事を作成したりすることができる。記事の作成や編集に関しては、著作権や検証可能性、中立性などに関するガイドラインが設けられている。そして、複数の人々がそのガイドラインに基づいて相互の記事をチェックすることで、情報の信頼性と正確さの担保を図る仕組みとなっている。

◆ 構成

サービスや制度の概要を述べる。仕組みを説明する。

◆ 表現

表現１　サービスや制度の概要を述べる。

| サービス名 / 制度名 | は、 | ～ 名詞 | だ。 |
| である。 |

Model 　ウィキペディアは、無料で利用できるインターネット上の多言語百科事典である。

練習

下線部に適切な表現を入れて、文章を完成させてください。

① ソーシャル・ネットワーキング・サービス（SNS）a.＿＿＿＿、登録した人同士がオンラインでメッセージを送ったり、画像を共有したりして交流できるサービスb.＿＿＿＿＿＿。

表現2　仕組みを説明する。

Vば、	a. (物が)	V（自）る / V（他）受身形る	。
Vる　と、	b. (人が)	Vることができる / V可能形る	。
c.	Vる　仕組み	となっている。	
		だ。	

※表現2のaは、出来事のみを述べる述べ方です。bは、文中に動作主（動作をする人）が存在する述べ方です。

降車ボタンを押すと、| a. バスが止まる。
| b.（人が）バスを降りることができる。

Model　MediaWikiというソフトウェアを使えば、誰でも既存の記事を編集したり、新たな記事を作成したりすることができる。

Model　複数の人々がそのガイドラインに基づいて相互の記事をチェックすることで、情報の信頼性と正確さの担保を図る仕組みとなっている。

［例1］　フードバンクは、食品ロスを減らすために、廃棄の可能性がある食品を必要な人に届ける活動である。食品製造業者や農家などが、品質には問題がないが商品として流通させることができない食品をフードバンクに寄付すると、食品が福祉施設や生活困窮世帯に無償で提供される。

練習

下線部に適切な表現を入れて、文章を完成させてください。

② 食事宅配サービスa.＿＿＿＿、栄養バランスの取れた食事を定期的に自宅に届けてくれるサービスb.＿＿＿＿＿。利用者がサービスを提供する企業などに、普通食や介護食といった食事のタイプや宅配の頻度などの情報を登録し、代金を支払うc.＿＿＿、指定通りの食事が自宅に届く。

③ ライドシェアa.＿＿＿＿、自家用車を所有する個人が、移動を希望する人を目的地まで乗せて行く相乗りサービスb.＿＿＿＿＿。相乗りを希望する人がライドシェアのアプリに移動の経路や時刻などを入力c.＿＿＿＿＿、自分の条件に合ったドライバーを見つけることができる。そして、サービスを利用して移動した後に、ドライバーに一定の料金を支払うd.＿＿＿＿＿＿＿＿。

次の文章のaとbそれぞれの｛　｝の中から適切なほうを選んでください。aは出来事の

みを述べる述べ方、bは文中に動作主が存在する述べ方です。

④　在留カードは、日本に中長期にわたって在留する外国人が常時携帯を義務付けられている身分証明用のカードである。カードを紛失した場合は、住居地を管轄する地方出入国在留管理官署に申請すると、

　　a. カードが〔再交付される／受け取ることができる〕。

　　b.（申請者が）カードを〔再交付される／受け取ることができる〕。

⑤　スマートフォンの指紋認証は、指紋でスマートフォンのロックを解除するシステムである。スマートフォンの認証センサーに指をあてると、

　　a. ロックが〔解除される／解除することができる〕

　　b.（人が）ロックを〔解除される／解除することができる〕

　次の文章の（　）の動詞を適切な形に変えて、文を完成させてください。動詞の形を変える必要のないものもあります。

⑥　マネーフォワードMeは、株式会社マネーフォワードが提供する家計簿アプリである。アプリをダウンロードし、銀行口座とクレジットカードの情報を（a.登録する→　　　　　　　　　　）と、何にいくらお金を使ったかが、食費、交通費、娯楽といった項目に自動的に（b.分類する→　　　　　　　　　）、詳細な家計簿が出来上がる。現金で買い物をした場合も、レシートを撮影するだけで、何にいくら支出したかが自動的に（c.登録する→　　　　　　　　　）。有料版と無料版があり、無料版では基本的な機能のみが（d.利用する→　　　　　　　　　）仕組みになっている。

　次の文章の波線部に適切な内容を入れ、文を完成させてください。

⑦　美術館の音声ガイドは、美術館の展示品の解説を音声で聞くことができるサービスである。展示品の前の機械のボタンを押すと、＿＿＿＿＿＿＿＿＿＿＿＿＿＿＿＿＿＿＿＿＿＿＿＿＿＿＿＿＿＿＿＿。

⑧　YouTubeは、無料の動画共有サービスである。＿＿＿＿＿＿＿＿＿＿＿＿＿＿＿＿と、＿＿＿。

◆ やってみよう

　次の図1は、洋服レンタルサービスの仕組みを示したものです。図1を基にして、洋服レンタルサービスの概要と仕組みを説明する文章を作成してください（200〜300字）。下の図の情報を全て入れる必要はありません。

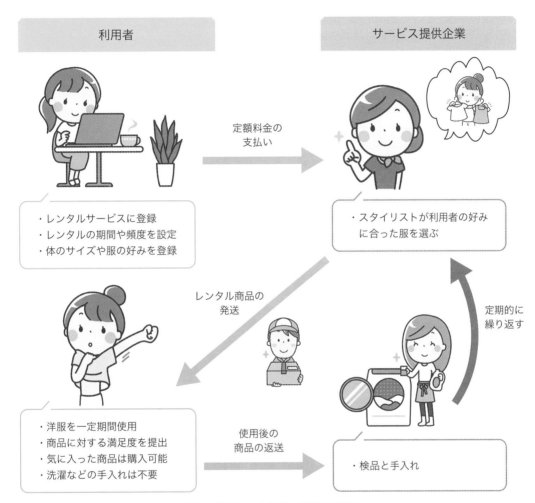

図1　洋服レンタルサービスの仕組み

近年注目を集めている洋服レンタルサービスは、＿＿＿＿＿＿＿＿＿＿＿＿＿＿＿＿＿＿＿＿

3. 課題

[Model] を参考にして、あなたがよく使う比較的新しいサービスやアプリケーション、または、あなたの国の制度などについて、その概要と仕組みをわかりやすく説明する文章を書いてください（200〜300字）。

 課題作成用のワークシートを本書webサイトよりダウンロードできます。

2-1-2　読み物2＆表現

| 読む前に | ● SNSやインターネット上で虚偽の情報を見たことがありますか。 |
| | ● 「情報のソース」「ファクトチェック」という言葉を知っていますか。 |

1. 読み物

ネットウオッチ：ネット事典「ウィキペディア」
「エンゲル係数」の編集合戦　首相答弁に沿った改変／専門家は批判

『毎日新聞』和田浩幸　2018.02.23（東京朝刊）

〈net watch〉

　一定のルールのもとで誰でも自由に編集できるインターネット百科事典「ウィキペディア」で、生活水準を測る指標の一つとしてなじみ深い「エンゲル係数」のページが凍結され、編集できない状態となっている。投稿履歴をたどると、係数上昇の理由について安倍晋三首相が国会で答弁した直後、これに合わせて内容を改変しようとする側と阻止を試みる側の"編集合戦"が過熱していた。

　「エンゲル係数」は中学校で習う経済指標だ。家計の消費支出総額に占める食料費の割合で〈一般に値が高いほど生活水準は低い〉とされる。総務省の家計調査によると、2人以上の世帯の係数は2005年に22.9％で底を打ち、その後は横ばいが続く。第2次安倍政権以降は13年（23.6％）に上昇に転じ、16年（25.8％）まで4年連続で上昇。17年も高止まりだ。

　「これは物価変動のほか食生活や生活スタイルの変化が含まれている」。1月31日の参院予算委員会で、野党の「生活が苦しくなっている」との指摘に、首相はそう反論した。

　突然、ウィキペディアが書き換えられたのは翌2月1日午前。以前は冒頭の太字部分を含む簡潔な説明だった。これが(a)〈現在では（係数の）重要度が下がっている〉などと首相答弁を踏まえた内容に改変。経済小説が出典とされた。

　他のユーザーが〈小説をソースに書かれることではない〉と、すぐにこれを削除。今度は別の人物が(b)〈昨今では核家族や一人暮らしが増えて中食（弁当や総菜など）が増え、一概に値が高いほど生活水準は低いとは言えない〉などと応戦。〈外食は交際費や遊興娯楽費などに該当するので食費には入らない〉と虚偽の書き込みをしたが、これも削除された。"編集合戦"は19回続いた。

　ニッセイ基礎研究所の櫨浩一専務理事は「ここ数年の上昇は、所得が伸びない中で食品値上げの影響が大きく、生活が苦しくなったと見ることができる。高齢者や

共働き世帯が増え、外食や中食が食費を押し上げているのは長期的要因だ」と分析。「今は食費以外に光熱費や医療費など不可欠の支出も多いが、所得上昇でエンゲル係数が下がるのは明らかだ。生活に密着した指標として今も重要な意味がある」と話し、〈重要度が下がっている〉などの改変内容を否定した。

　神戸女学院大名誉教授の内田樹さんは言う。「議論の土台となる事実が書き換えられると対話が成立せず、社会全体の知性が腐る。ファクトチェックに労力がかかり必要な政策論議も始まらない。(c)道徳上の問題というより経済合理性を欠くと言うべきだ」

◆ 内容確認

　本文を読んで、以下の質問に答えてください。

(1) 首相は、エンゲル係数の上昇の理由をどのように説明しましたか。

(2) 下線部 (a) と (b) の書き込みは、首相の説明を支持する立場の書き込みですか、それとも支持しない立場の書き込みですか。

　　(a) 現在では係数の重要度が下がっている。（　　　　　　　　　　）

　　(b) 昨今では核家族や一人暮らしが増えて中食（弁当や総菜）が増え、一概に値が高いほど生活水準が低いとは言えない。（　　　　　　　　）

(3) ニッセイ基礎研究所の櫨浩一専務理事は、エンゲル係数が上昇した短期的な理由として、どのようなことを挙げていますか。

(4) 下線部 (c) の「道徳上の問題というより経済合理性を欠くと言うべきだ」というのは、どういう意味ですか。本文の内容を踏まえて自分の言葉で述べてください。

◆ 話し合い

(1) 記事で紹介された「編集合戦」が行われた根本的な原因は何だと思いますか。それを改善するための方法としては、どのようなものが考えられますか。

(2) ウィキペディアを利用する際には、どのような点に注意する必要がありますか。

2. 表現と練習

> 目標：長所と短所を踏まえて自分の意見を述べる。

◆ Model　表現に注目して読んでみよう

　フリーマーケット・アプリ（フリマアプリ）は、個人間の商品の売買の場をオンライン上で提供するアプリケーションである。個人が販売を希望する商品の情報をフリマアプリに掲載し、購入希望者が見つかれば、サービスを提供する事業者に一定の手数料を支払って、商品を販売できる仕組みとなっている。

　フリマアプリの**長所としては**、まず、取引の手軽さ**が挙げられる**。アプリをインストールしたスマートフォンさえあれば、いつでもどこでも簡単に商品を売り買いできる。また、商品に定価がなく価格の交渉が可能であるため、販売者と購入者の双方が納得できる価格で取引できることも魅力の一つである。さらに、自分が使わないものを誰かに使ってもらうことで、不用品の廃棄を減らし、環境保護にも貢献できる。

　しかし、購入者としてフリマアプリを利用する際には注意も必要である。例えば、フリマアプリでの取引は個人間の取引であるため、業者からの購入に比べて、商品に不備があった際に対応を受けるのが難しい**という短所がある**。取引の後に商品に不具合が見つかり、販売者に連絡をしても返事がないということが起こり得る。また、販売者が取引に慣れておらず、商品に関する説明が不十分な場合もある。さらには、意図的に偽った情報を掲載する販売者も少数ながら存在する。

　以上のことから考えると、フリマアプリで商品を購入する際には、必要な情報が提供されているかをしっかり確認するなど、細心の注意が必要だ**と言える**だろう。ただし、購入者が注意するだけでは十分ではない。アプリを運営する事業者が販売者にガイドラインの遵守を求め、トラブルを未然に防ぐといった対応が必要であると思われる。

◆ 構成

長所と短所を述べる。長所と短所を踏まえて意見を述べる。

◆ 表現

表現1　長所と短所を述べる。

a.　| 長所 / 短所 |　　　として（は）、| 名詞 / 〜 こと | が挙げられる。
　　| メリット / デメリット |

b.（○○には、）| 　〜　 | という | 長所 / 短所 | がある。
　　　　　　　　　　　　　　| メリット / デメリット |

Model　フリマアプリの**長所としては**、まず、取引の手軽さ**が挙げられる**。

Model 例えば、フリマアプリでの取引は個人間の取引であるため、業者からの購入に比べて、商品に不備があった際に対応を受けるのが難しい**という短所がある**。

表現2 長所と短所を踏まえて意見を述べる。

a. 以上（のこと）から、 ～ と｜言える。
　　　　　　　　　　　　　｜考えられる。

b. 以上（のこと）｜から考えると、 ～ と言える。
　　　　　　　　　｜を踏まえて考えると、

Model **以上のことから考えると**、フリマアプリを利用して取引をする際には、必要な情報が提供されているかをしっかり確認するなど、細心の注意が必要だと**言える**だろう。

[例1] 公共空間に防犯カメラを設置することの**メリットとして**、治安の維持が**挙げられる**。防犯カメラがあることが犯罪の抑止になり、犯罪が起きた場合でも犯人の逮捕に役立つ。一方、**デメリットとしては**、プライバシーの侵害が**挙げられる**。いくら公共の空間とはいえ、自身の行動が常に誰かに見られているのは、気持ちの良いものではない。また、防犯カメラに保存された記録が、本来の目的とは異なる形で使われるのではないかと不安視する声も少なくない。**以上を踏まえて考えると**、公共空間における防犯カメラの増設は、社会的なコンセンサスが得られるまで先延ばしにするのが望ましいと**言える**。

練習

下線部に適切な表現を入れて、文章を完成させてください。波線部は、自分で内容を考えましょう。

① 日本では、教育機関の秋入学への移行が議論されている。秋入学の長所a.＿＿＿＿＿＿、海外の学事歴とのずれがなくなり、留学生の送り出しと受け入れがスムーズになることb.＿＿＿＿＿＿＿＿。世界的に見ると新学期が9月に始まる国が多いが、日本は4月入学3月卒業が一般的である。そのため、高校や大学等の卒業生が海外の教育機関への進学を希望する場合、4月から8月まで5か月程、空白期間が生じてしまう。しかし、秋入学にすればこのような問題が解決される。

その一方で、秋入学への移行には、社会全般のシステム調整という大きな負担を生じさせるc.＿＿＿＿＿＿＿＿＿。日本では、教育機関の入学も、国や企業の会計年度も、共に4月始まりである。つまり、学校の入学や企業の決算など、社会の主要なシステムが4月始まりで動いているのである。秋入学に移行した場合、会計や事務のシステムを大きく変更しなければならなくなる。

d.＿＿＿＿＿＿＿＿＿＿＿＿＿＿＿＿、秋入学への移行を実現できるか否かは、社会全般のシステムの調整という難しい課題を解決できるかにかかっているe.＿＿＿＿＿＿。

② 英語の習得を目的とした未就学児童の早期留学のメリットa.＿＿＿＿＿＿、将来の英語

学習の負担の軽減b._____。英語を自然習得で身につけられれば、その後の教育課程で英語の学習に使う時間と労力を他の活動に回すことができる。また、幼少期の異文化体験は、文化的多様性に対する寛容な態度の育成にも役立つ。しかし、一方では、早期留学の否定的な影響を憂慮する声もある。例えば、母語の十分な発達が妨げられるc._____。母語が安定していない時期に留学し、言語活動の大部分を他の言語で行うとなれば、母語の習得に影響が生じる可能性がある。以上を踏まえて考えると、d.～～～。

◆ やってみよう

(1) 次の表1は、SNSの長所と短所をまとめたものです。表1を参考にして、下の文章の下線部を埋めてください。最後の波線部は、自分で内容を考えましょう。

表1　SNSの長所と短所

長所	短所
・友人や知人と手軽に連絡が取れる ・新しい人間関係が作れる ・様々な情報を簡単に入手できる	・中毒性がある（SNS依存症） ・個人情報が流出する可能性がある ・詐欺や犯罪に巻き込まれる可能性がある

　　SNSの長所としては、a._____や、b._____が挙げられる。SNSがあれば、いつでもどこでも友人にメッセージを送ることができ、また、共通の趣味を持つ新たな友人を探すこともできる。そのほかに、c._____という長所もある。

　しかし、長所ばかりではない。短所としては、まず、d._____が挙げられる。近年、SNSを見ていないと不安を感じるという中毒症状が数多く報告されている。また、SNSが原因で個人情報が流出したり、SNSが詐欺や犯罪のための道具として利用されたりするケースも少なくない。以上のことから考えると、e.～～～。

（2）以下の文章は、レビューサイトに関する文章の冒頭部です。その続きとして、レビュー
　　サイトの長所と短所、そして、それを踏まえて自分の考えを述べる文章を作成してくだ
　　さい（既に書いてある部分を除いて400〜500字）。まず、次の表2に、レビューサイ
　　トの長所と短所を複数挙げます。その中から、二つずつ選び、長所と短所を詳しく説明
　　した上で、自分の意見を述べてください。ただ複数の長所や短所を列挙するのではなく、
　　それぞれを詳しく説明するようにしましょう。

表2　レビューサイトの長所と短所

長所	短所
・販売者ではなく消費者の率直な意見が聞ける	・匿名で投稿されるため、情報の信頼性に問題がある
・	・
・	・
・	・

　　レビューサイトは、商品を購入した人やサービスを利用した人が自由に評価や感想を書き込み、情報を共有できるウェブサイトで、口コミサイトとも呼ばれる。

3. 課題

　以下はウィキペディアに関する文章の冒頭部です。その続きとして、ウィキペディアの長所と短所を挙げ、それを踏まえて今後どのように利用していけば良いかを述べる文章を作成してください（既に書いてある部分を除き300〜500字）。作成の際には Model を参考にしましょう。

　以下の課題作成用のワークシート（書き込むスペースがあるもの）を、本書Webサイトよりダウンロードできます。

〈ワークシートの見本〉

> 　ウィキペディアは、無料で利用できるインターネット上の多言語百科事典である。世界中の誰もが自由に執筆や編集ができるという点が最大の特徴である。MediaWikiというソフトウェアを使えば、誰でも既存の記事を編集したり、新たな記事を作成したりすることができる。_____
> _____
> _____
> _____

2-2 アウトラインの書き方

> 目標：アウトラインを書いた上でレポートを作成できるようになる。

1. アウトラインの書き方

◆ アウトラインとは？

　アウトラインとは、文章の骨組みです。どのような内容を、どのような順序で書くかを簡潔に示したものがアウトラインです。アウトラインを書くことによって、話があっちに行ったりこっちに行ったりして、何を言いたいのかわからない文章になることを防ぐことができます。また、文章全体の流れを一目で見渡すことができるため、内容の不足や矛盾に気づきやすくなります。短い文章を書く場合は、アウトラインを作成する必要性をあまり感じないかもしれませんが、長くて複雑な内容のレポートを書く際には非常に重要です。アウトラインを書いてから文章を書く習慣を身に付けるようにしましょう。

◆ アウトラインのサンプル

　2-1-2の Model のアウトラインを見てみましょう。2-1-2の Model は、問いを文章の中に明示しない形で書かれています。下のアウトラインでは、問いを（　）に入れて示します。アウトラインは文章の「骨組み」ですから、長々と書かず、できるだけ簡潔に書くようにしましょう。

2-1-2の Model のアウトライン

・フリマアプリの概要と仕組み
- 　個人間の商品の売買の場をオンライン上で提供するアプリケーション
- 　個人が商品の情報をアプリに掲載すると、販売できる

・フリマアプリの長所
- 　取引が手軽
- 　販売者と購入者が納得のいく価格で取引できる
- 　不用品の廃棄を減らし環境保護に貢献できる

・フリマアプリの短所
- 　商品に不備があったときに対応を受けるのが難しい
- 　商品の説明が不十分な場合がある
- 　偽の情報を掲載する販売者がいる

（・問い：フリマアプリを安全な取引のツールとして利用するために必要なことは
何か）
・問いに対する答え
- 商品の購入者が必要な情報が提供されているか確認する
- サービスを提供する事業者が販売者に対しガイドラインの遵守を求める。

2.レポートを書いてみよう

あなたの国の新しいサービスの概要と、その長所と短所を挙げた上で、自ら問いを立て、
その答えとして自分の意見を述べるレポートを書いてみましょう（800〜1,200字）。

◆ 話し合ってみよう

あなたの国の新しいサービスを一つ選び、クラスの人に紹介します。まず、メモを作成し
ましょう。メモができたら、クラスの人に紹介します。紹介が終わったら、聞き手は、長所
と短所、その他の気になったことについて自由に質問をしてください。

〈メモ〉

サービスの名前	
サービスの概要	

◆ 書いてみよう

❶ 問いを立てる

クラスの人に紹介したサービスについて、問いを立ててレポートを書いてみましょう。問
いは、そのサービスとどのように付き合っていけば良いか、そのサービスは今後も利用され
続けるかなど、様々考えられます。

問い：

答え：

❷ アウトラインを作成する

　以下の項目に沿ってアウトラインを作成してみましょう。まず、下の❸の〈確認表〉を見て、どのような内容のレポートが求められているか、確認してください。

・サービス名：

・サービスの概要

・長所

・短所

（・問い：　　　　　　　　　　　　　　　　　　　　　　　　　　　　）

・問いに対する答え：

---

❸ レポートの作成

　作成したアウトラインを基にレポートを作成してください。書き終えたら、〈確認表〉の「自己評価」の欄を記入してください。

⬇ レポート作成用のワークシートを本書webサイトよりダウンロードできます。

〈確認表〉　よくできた◎　できた◯　もう少し△　残念×

	項目	自己評価	記入者氏名		
1	どのようなサービスか、そのサービスを知らない人にもわかりやすく説明してある。				
2	長所と短所が丁寧に説明してある。				
3	問いに対する明確な答えがある。				

2-3　レポートを読み合う

> 目標：1. クラスの人のレポートを読み、コメントを述べる。
> 　　　2. もらったコメントを参考に、レポートを修正する。

2-2では、「新しいサービス」について問いを立ててレポートを書きました。ここでは、クラスの人とレポートを読み合い、コメントを述べ合う活動を行います。活動の後で、もらったコメントを基にして自分のレポートを修正し、より良いレポートを目指します。

◆ 何のために読み合うのか

それでは、なぜ、レポートを読み合う活動が必要なのでしょうか。例えば、今回の「新しいサービス」についてのレポートの場合、書き手はそのサービスについてよく知っていますし、自身が立てたレポートの問いとそれに対する答えを明確で妥当なものと考えているはずです。しかし、読み手にとってもそうであるとは限りません。読み手はそのサービスを知らない可能性があり、サービスの内容を理解する上で、レポートの説明が不十分だと感じるかもしれません。また、書き手の問いの立て方や、それに対する答えに関して疑問を抱く場合もあるでしょう。他の人にレポートを読んでもらい、コメントをもらうことによって、自分のレポートが「サービスの概要と、そのサービスに関する問いと答えがきちんと伝わるものになっているか」を知ることができるのです。また、問いと答えについて、読み手が書き手とは異なる意見を持っている場合、なぜそう考えるのかを聞くことは、自分の思考を深めるきっかけにもなるでしょう。

◆ ルールを決めよう

クラスの人と相談し、お互いのレポートを読み合い、コメントをするにあたってのルールを決めておきましょう。例えば、以下のようなルールです。

・他の人のレポートは、その人の作品として尊重する（書いた人の許可なく添削したり加筆したりしない）。
・他の人のレポートの主張が自分にとっては受け入れがたいものでも、感情的になったり攻撃したりしない。

どのようなルールで話し合いを行うかを話し合い、共有してください。

◆ コメントを述べ合い、レポートを修正する

他者のレポートを読んで的確にコメントをする力は、良いレポートを書くための重要な力

の一つです。他者のレポートを検討するときの「読み手の目線」を自分が書いたレポートに対しても同じように向けられるかが、文章を推敲する際の重要なポイントになるからです。各課で少しずつ、「読む力」と「コメントする力」を高めていきましょう。

❶ コメントの準備

　レポートを読んで、コメントを準備しましょう。レポートを読み、〈確認表〉に記入します。話し合いは、〈確認表〉に沿って進めます。例えば、〈確認表〉に◎を記入した場合はどこがよかったのか、△を記入した場合はなぜ△なのか、メモを残しておきます。〈確認表〉にないことでも、書き手に伝えたいことがあれば、メモしておいてください。メモは、自分のためのものです。

〈メモ〉

❷ コメントを述べ合う

・まず、グループで司会者を決めてください。
・司会者は、一人のレポートに何分使うことができるか考え、誰のレポートから検討するかを決め、皆に伝えます。そして、〈確認表〉の項目に沿って話し合いを進めてください。例えば、「では、まず〈確認表〉の1の「どのようなサービスか、そのサービスを知らない人にもわかりやすく説明してある」という点について、意見をお願いします。」といった具合に話し合いを進めます。最後に、自由に意見や感想を述べる時間も取りましょう。
・グループのメンバーは、司会者の指示に従い、順番にコメントを述べてください。コメントは、一人一つずつ、順番に述べてください。一人の人が延々と話し続けないようにしましょう。レポートの書き手やグループの人は、コメントに対して疑問に思ったことや理解できなかったことがあれば、質問するようにしましょう。

❸ レポートの修正

　クラスの人からもらったコメントを基に、自分のレポートを修正します。もらったコメントを全てレポートに反映させる必要はありません。コメントは、ありがたく頂戴し、書き手の責任で取捨選択してください。納得のいくものは積極的に取り入れていきましょう。ただし、納得できないコメントについても、なぜ読み手がそう思ったかを考えてみる必要があります。読み手がそのようなコメントをした原因が、自分のレポートの書き方にあるかもしれないからです。

第3課

権　利

読む前に
- インターネットで他人の情報を探したことがありますか。
- 「知る権利」と「忘れられる権利」という言葉を聞いたことがありますか。

1. 読み物

グーグルに削除命令、逮捕歴の検索結果、札幌地裁が初判決。
『日本経済新聞』2019.12.13（朝刊）

　インターネット検索サイト「グーグル」に自身の逮捕歴が表示され続けるのはプライバシーの侵害だとして、北海道内に住んでいた男性が検索結果の削除を求めた訴訟の判決で、札幌地裁は12日、米グーグルに一部の削除を命じた。

　男性が不起訴になったことなどを考慮し、(a)「公表されない利益が表示維持を優越する」と判断した。

　同種訴訟に詳しい弁護士によると、検索結果の削除を認める司法判断は、判決では初めて。東京高裁が昨年8月、強姦致傷容疑の逮捕歴について仮処分決定を出した例はある。

　グーグルなどの検索サイトを巡っては、ネット上に残る個人情報の削除を求められるとする「忘れられる権利」が世界的な議論となっている。最高裁は2017年1月の決定で、検索結果を削除できる条件として「プライバシーの保護が情報を公表する価値より明らかに優越する場合に限る」との厳しい基準を初めて示した。

　判決によると、男性は12年7月に強姦容疑で逮捕され、同10月に嫌疑不十分で不起訴となった。18年に削除を求めて提訴した。

　判決で高木勝己裁判長は、不起訴となってから7年がたった今も、男性が転勤先で逮捕について聞かれるなど、私生活上の現実的な不利益が大きく、検索結果を表示する社会的必要性を優越すると判断した。

　訴訟でグーグル側は、不起訴となったことも表示していると主張したが、「閲覧者が実際には犯罪を行ったと思い、有罪との嫌疑を抱く可能性はなお高い」と指摘して退けた。

　削除の対象となったのは、性犯罪などについて議論が交わされるインターネット上の掲示板。札幌地裁は男性が削除を求めた検索結果のうち、半数以上は表示を裏付ける証拠がないとして認めなかった。

　男性側の吉田康紀弁護士は判決後、「すべての検索結果の削除が認められなかったのは不満」とし、控訴する方針を示した。米グーグルは取材にコメントを控えた。

◆ 内容確認

本文を読んで、以下の質問に答えてください。

(1) 誰が誰を相手に、どのようなことを求めて裁判を始めましたか。

(2) 下線部 (a) の「公表されない利益が表示維持を優越する」とは、具体的にどのようなことですか。読み物の男性の事例を使って説明してください。

(3) 裁判を起こした人の要求（訴え）は、全て認められましたか。それは、なぜですか。

(4) 「忘れられる権利」とはどのような権利か、本文の内容を踏まえて自分の言葉で説明してください。

◆ 話し合い

(1) 記事の札幌地裁の判決は妥当だと思いますか。そう考える理由は何ですか。

(2) 「忘れられる権利」は、どこまで認められるべきだと考えますか。犯罪に限らず、様々なケース（例えば、SNS上の個人の記録、芸能人のプライバシーに関する情報など）を考えてみましょう。

```
2. 表現と練習
```

> 目標：ニュースを要約して引用する。

◆ Model 表現に注目して読んでみよう

　動画投稿サイトの動画の著作権をめぐり逮捕者が出ている。2021年6月24日付の『日本経済新聞』によれば、映画の内容を10分ほどに編集した「ファスト映画」を無断で動画投稿サイトに公開した3人の男が著作権法違反の疑いで逮捕された。ファスト映画の公開を巡っての逮捕は全国で初めてだという。

2021年6月24日「「ファスト映画」投稿で3人逮捕、著作権法違反容疑。」『日本経済新聞』朝刊

〈引用した記事〉

「ファスト映画」投稿で3人逮捕、著作権法違反容疑。

『日本経済新聞』2021.06.24（朝刊）

　宮城県警は23日、映画の内容を10分ほどに編集した「ファスト映画」を、無断で無料の動画投稿サイトで公開したとして、著作権法違反の疑いで札幌市の男ら3人を逮捕した。県警によると、「ファスト映画」の公開を巡っての逮捕は全国初とみられる。

　逮捕容疑は昨年7月ごろ、「ファスト映画」を著作権者に無断で、動画投稿サイト「ユーチューブ」に投稿した疑い。

　県警によると、3人は再生回数に応じて支払われる広告収入を得ていたとみられ、既に動画は削除されている。ファスト映画の実態については、著作権者らでつくるコンテンツ海外流通促進機構が、弁護士を通じてユーチューブを調査した。

◆ 構成

引用の概要を示す。要約して引用する。

◆ 表現

表現1　引用の概要を示す。

    a.　名詞句 が V（自）て いる。

    b.　名詞句 が 名詞句 を V（他）て いる。

※引用の概要を示す文の主語には、「は」ではなく「が」を使います。

[Model]　動画投稿サイトの動画の著作権をめぐり逮捕者が出ている。

[例1]　忘れられる権利が世界的な議論になっている。

[例2]　SNSの普及が消費者の消費行動に影響を与えている。

[例3]　一票の格差について、市民が抗議の声を挙げている。

(練習)

　下線部に適切な表現を入れて、文章を完成させてください。

① 　使い捨てのプラスチックを減らす動きa.＿＿＿加速b.＿＿＿＿＿＿＿＿。

② 　海洋プラスチックごみによる環境汚染への関心a.＿＿＿高まり、各国が法整備b.＿＿＿c.進
め＿＿＿＿＿＿＿。

次の（　　）の中から、適切なほうを選んでください。

③　政府の経済政策に対する批判が（強まって・強めて）いる。

④　日本では、急速に少子高齢化が（進んで・進めて）いる。

⑤　ある母親のSNSへの投稿が注目を（集まって・集めて）いる。

⑥　昭和の歌謡曲が静かなブームを（起きて・起こして）いる。

　　次の新聞記事の要約文を読み、波線部に適切な内容を入れて概要を示す文を書いてください。

⑦　社員の副業を認める企業＿＿＿＿＿＿＿＿＿＿＿＿＿。2021年8月12日付の『日本経済新聞』によれば、社員が副業することを認める企業は55％に上り、2018年度の調査より、3.8ポイント上昇しているという。

⑧　＿＿＿＿＿＿＿＿＿＿＿＿＿＿＿＿＿＿＿＿＿＿＿＿＿＿＿＿＿＿＿＿。2020年10月3日付の『日本経済新聞』によると、警視庁や京都府警などは2日までに、ディープフェイクを使ってアダルトビデオを合成したとされる男3人を名誉毀損と著作権法違反の疑いで逮捕した。ディープフェイクとは、特定の人物の写真など膨大なデータをAIに読み込ませ本物のような動画を作る技術だという。

表現2　要約して引用する。

〇〇のホームページ	によれば、	〜。	〜	という。
〇年〇月〇日付の『新聞名』	によると、			
著者名（刊行年）				

※ここでは、かぎ括弧「　」を使わない間接引用を扱います。間接引用では、元の文章を要約したり、一部言い換えたりして引用します。元の文章の内容を変えてはいけません。

Model　2021年6月24日付の『日本経済新聞』**によれば**、映画の内容を10分ほどに編集した「ファスト映画」を無断で動画投稿サイトに公開した3人の男が著作権法違反の疑いで逮捕された。ファスト映画の公開を巡っての逮捕は全国で初めて**だという**。

[例5]　総務省のホームページ**によると**、2015年に公職選挙法等の一部を改正する法律が成立し、2016年6月19日に施行された。この改正により、年齢満18年以上満20歳未満の者が選挙に参加することができるようになった**という**。

練習

下線部に適切な表現を入れて、文章を完成させなさい。

⑨　2020年10月13日の『日本経済新聞』a.＿＿＿＿＿＿、2016年に選挙権年齢が18歳以上となってから、各地で主権者教育が盛んになっている。中学校の社会科の授業で模擬総裁選を行ったり、小学生向けにアニメ動画で投票の意義を伝える授業を行うといった試みが広がっているb.＿＿＿＿＿＿。

〈参考文献〉

2020年10月3日「「ディープフェイク」脅威に、AIでアダルト動画合成、初摘発、海外、政治家・企業も被害。」『日本経済新聞』朝刊

2020年10月13日「主権者教育、各地で広がる、政治は身近、学校で議論―模擬総裁選、アニメ動画活用（育む）」『日本経済新聞』夕刊

2021年8月12日「副業、企業の55％容認、支援体制に課題、パーソル総研調査。」『日本経済新聞』朝刊

総務省「選挙年齢の引き下げについて」総務省ホームページ

　https://www.soumu.go.jp/senkyo/senkyo_s/news/senkyo/senkyo_nenrei/（2023.1.21参照）

◆ やってみよう

（1）次の新聞記事を読み、要約文を作成してください。新聞記事の下線部を2文に要約し、下の要約文を完成させます。そして、新聞の書誌情報を参考文献として記載してください。

「ヤフコメ」AIで非表示に。

『日経産業新聞』2021.10.22

　Zホールディングス傘下のヤフーは「ヤフーニュース」で、人工知能（AI）が適切でないと判定した投稿が一定数を超えたコメント欄を、自動で非表示にする機能を導入した。不適切な投稿を繰り返す利用者に対して、投稿を禁止する措置も厳しくした。同社は誹謗中傷などを含む投稿への対策を強化する。

　一定数以上のコメントが投稿されている記事が対象となる。ヤフーは中傷などを含む規約にそぐわない投稿について、AIを活用してその度合いを点数化する。コメント欄全体の点数が事前に設定した基準に達した場合、自動でコメント欄を閉鎖する。閉鎖後はコメントを書けなくなる。（以下略）

　　誹謗中傷などの不適切な投稿の対策に人工知能が導入され始めている。＿＿＿＿＿＿

＿＿＿＿＿＿＿＿＿＿＿＿＿＿＿＿＿＿＿＿＿＿＿＿＿＿＿＿＿＿＿＿＿＿＿によると、

＿＿＿＿＿＿＿＿＿＿＿＿＿＿＿＿＿＿＿＿＿＿＿＿＿＿＿＿＿＿＿＿＿＿＿＿＿＿

＿＿＿＿＿＿＿＿＿＿＿＿＿＿＿＿＿＿＿＿＿＿＿＿＿＿＿＿＿＿＿＿＿＿＿＿＿。

＿＿＿＿＿＿＿＿＿＿＿＿＿＿＿＿＿＿＿＿＿＿＿＿＿＿＿＿＿＿＿＿＿＿＿＿＿＿

＿＿＿＿＿＿＿＿＿＿＿＿＿＿＿＿＿＿＿＿＿＿＿＿＿＿＿＿＿＿＿＿という。

〈参考文献〉

＿＿＿＿＿＿＿＿＿＿「＿＿＿＿＿＿＿＿＿＿＿＿＿＿＿＿」『＿＿＿＿＿＿』

　↑新聞記事の日付　↑みだし　　　　　　　　　　　　　　↑新聞名

(2) 読み物1 (p. 46) の新聞記事の第一段落と第二段落を基に、要約文を作成してください。まず、記事を読み、要約文に盛り込む部分に下線を引いてから書きます。<u>要約文は、2文に収めてください</u>。

忘れられる権利への関心が高まっている。＿＿＿＿＿＿＿＿＿＿＿＿＿＿＿＿＿＿＿＿

＿＿

＿＿

＿＿

＿＿

〈参考文献〉

2019年12月13日「グーグルに逮捕歴削除命令　検索結果、札幌地裁初判決。」『日本経済新聞』朝刊

. 課題

Model を参考にして、新聞記事の要約文を作成してください（150〜250字）。まず、記事を読み、要約文に盛り込む部分に下線を引いてから書きます。要約文は、2文に収めてください。概要を示す文、要約文の順に書いてください。

「万引き犯」写真公開、まんだらけが中止　反響大きく

『日本経済新聞』2014.08.13

　アニメのフィギュア（人形）などを販売する古物商「まんだらけ」（東京・中野）が、おもちゃを万引きしたとする男性の顔写真を公開しようとした問題で、同社の広報担当者が13日、取材に応じ「今後の防犯効果を狙って公開しようとしたが、想定以上に反響が大きかったので取りやめた」と説明した。

　同社は5日、おもちゃを1週間以内に返さなければ防犯カメラに映った顔の写真を公開すると警告をホームページに掲載した。

　同社によると、警告が報道された後、多数のメールや電話が寄せられ、小売店主から「うちも万引きは死活問題。顔写真を出して抑止してほしい」という声があった一方、「やりすぎではないか」という批判もあったという。

　小売業者などでつくる全国万引犯罪防止機構（東京）が全国約5万店を対象に行った調査によると、2013年度の万引きの推計被害額は837億円。同機構の福井昂事務局長は「倒産に追い込まれる例も少なくない。業者が厳しい姿勢を見せないと集中的に狙われる」と一定の理解を示す。

　日本弁護士連合会情報問題対策委員会の吉沢宏治弁護士は「警察が公開捜査する

第3課

権利

ならわかるが、一方的に犯罪者と断定してモザイクのない顔写真を公開するのは名誉毀損罪に当たる可能性がある」と指摘している。

⬇ 課題作成用のワークシートを本書webサイトよりダウンロードできます。

3-1-2 ▶ 読み物2&表現

読む前に	●「著作権」とは、どのような権利ですか。
	● 身近な物やサービスで、人工知能（AI：Artificial Intelligence）が使われているものを知っていますか。

1. 読み物

AIの作品、著作権は？ 「5年後にはヒット曲を」

『朝日新聞』木村尚貴・赤田康和 2017.09.19（朝刊）

　AI（人工知能）が生み出す音楽や漫画、小説などに「著作権」を与えて欲しい——。AIの開発者からそんな声が上がっている。政府の知的財産戦略本部が今年、「著作物でない」と結論づけたが、AIは秒速で進化している。その作品に、人間と同様、権利が認められる日が来るのか。

　東京・池尻のソフトウェア開発会社、クリムゾンテクノロジー。

　記者が、脳波を読み取るヘッドギアを装着。サンプルからランダムに選んだ2曲を聴くと、数秒後、前に置かれたタブレット端末から音楽が流れ出した。メロディーは単純で、8小節の繰り返しと短いが、瞬時に生まれることに驚いた。

　AIの名は「ブレインメロディ」。大阪大産業科学研究所の沼尾正行教授らと同社が開発した。ネット経由で送られた脳波データを約30台のコンピューターで分析。曲への被験者の感情を調べ、学習済みのコード進行などを元に、被験者を元気にする曲をつくる。

　「5年後には、チャート上位に来るヒット曲を作ったり、ユーザーの好みに合わせた楽曲を聴き放題で個別提供したりしたい」と飛河和生社長はいう。

　そこで焦点になるのが「著作権」だ。楽曲を有料販売したくても、著作権がなければ、第三者の勝手な複製や配信を止めるのは難しい。著作権法で守られるのは人間の創作物だが、「AIが生んだ作品の著作権はAIを開発した自分たちにあるというのが自然な感情」と沼尾教授。「AIはいわば子供。親である我々が代わりに権利を主張したい」と飛河社長もいう。

　■ 保護へ「登録制」の一案も

　AIが生んだ作品に著作権を与えるべきか。この問いは「AIは人間なのか」という問いに直結する。

　知財本部は5月、専門家でつくる委員会での検討を踏まえ、「AIが生んだ作品に

著作権はない」と結論づけた。AIが生む大量の作品を使い、それと似た人間の作品を「盗作」と訴える恐れなど、AI作品に与えた権利が乱用される恐れが指摘されたからだ。

委員を務めた上野達弘・早大教授（著作権法）も著作権付与に慎重だ。「AIは著作権制度が伝統的に保護してきた人間ではない。著作権を与えると、24時間疲れなく作品を生み出すので、著作権だらけになり、作品を利用する人間の自由も損なわれかねない」

一方、開発現場からは、AIを人間と同様に扱いたいという声も出ている。

手塚治虫作品をAIに大量に学ばせて「鉄腕アトム」の続編ストーリーやセリフを創作させ、プロの漫画家が完成させることを目標の一つに掲げる「手塚治虫デジタルクローンプロジェクト」。手塚さんの長男・眞さんが監修を務める。

発案・出資する遊技機流通大手フィールズの大塩忠正研究開発室長は「今は人間の創作を支援する段階だが、自律的に創作するようになったらAIを社員扱いすることで手塚作品の版元や開発に関わる企業も著作権を持てないか」と話す。

知財本部の委員会の議論をとりまとめた松村将生弁護士は「コンテンツの量は爆発的に増え、人間とAIのどちらの創作か区別ができなくなる」と指摘。その上で「そのすべてを著作権で保護するのは現実的ではない」と話す。

過去の知財本部の議論では、登録した作品に限り著作権を与える「登録制」が話題になった。作り手やAI開発者が権利保護を希望する作品のみ、手数料などを払って登録すれば著作権を主張できるようにする案だ。大量の作品が活用され新たな創作につながる意義もある、と松村氏はみる。

ブレインメロディを開発した飛河社長も、「AIの著作権」については迷いがある。「将来AIがAIを生み出すかもしれない。AI作品を人間の創作物と同水準で保護すれば、AI自身が権利主張するかもしれず、危険はある」

◆ キーワード

〈AIの著作権〉　著作権法は、保護の対象となる「著作物」を「思想または感情を創作的に表現したもの」と定義。AI自体はプログラムとして、この中に含まれるので保護され、無断複製した人をAI開発者は訴えることができる。だが、AIが生んだ音楽や小説などは「著作物」とはいえないため、それを無断複製しても違法にならない、というのが定説。

◆ 内容確認

本文を読んで、以下の質問に答えてください。

（1）AIの開発者は、著作権についてどのようなことを望んでいますか。

(2)「ブレインメロディ」は、どんなことをするAIですか。

(3) AIが作った作品に著作権を与えることに反対する立場の根拠として、どのようなこと
　　が挙げられていますか。本文の中から、三つ挙げてください。

(4)「ブレインメロディ」を制作した会社の飛河社長は、AIの著作権に関し、二つの相反す
　　る気持ちを持っています。それは、どのような気持ちですか。

◆ 話し合い

(1) AIが生んだ作品に著作権を与えることについて、どう考えますか。それはなぜですか。

(2) AIをはじめとする技術の発展によって、過去に比べて保障が容易になると考えられる
　　権利にはどのようなものがありますか。反対に、侵害される恐れが高まる権利にはどの
　　ようなものがありますか。

2. 表現と練習

> 目標：問題提起をして、自分の考えを述べる。

◆ Model　表現に注目して読んでみよう

　人工知能（AI）が生み出す作品の著作権をめぐって議論が行われている。AI技術が発展し、
AIが自ら音楽や漫画などの作品を生み出すようになったことがその背景にある。木村・赤
田（2017）によれば、政府の知的財産本部は「AIが生んだ作品に著作権はない」と結論付けた。
AIの作品に与えた権利が乱用される恐れや、作品を利用する人間の自由が損なわれる可能
性があるためだという。はたして、この結論は妥当なのだろうか。

　AIと人間の関係という観点から考えると、AIが生み出した作品に著作権を認めないとい
う判断は妥当であると思われる。AIの作品に著作権を認めると、著作権をめぐって人間と
AIが競うことになる。本来人間の利益と便宜のために作られたAIが、人間の競争相手にな
るのだ。さらに、AIの応用分野が拡大し続けている現状からすると、将来的に著作権侵害

の有無をAIが判定するという可能性も十分考えられる。これは、人間がAIの判断に従属するということを意味し、人間とAIの立場は逆転してしまう。したがって、AIの生み出す作品に著作権を認めないという政府の判断は妥当であると考えられる。

〈参考文献〉

木村尚貴・赤田康和2017年9月19日「AIの作品、著作権は？「5年後にはヒット曲を」」『朝日新聞』朝刊

※新聞記事でも署名記事の場合は、著者名（刊行年）で引用します。

◆ 構成

問題を提起する。自分の考えを述べる。

◆ 表現

表現1　問題を提起する。

a. ［　～　］のだろうか。
b. ［疑問語］［　～　］のだろうか。

Model　木村・赤田（2017）によれば、政府の知的財産本部は「AIが生んだ作品に著作権はない」と結論付けた。（中略）はたして、この結論は妥当なのだろうか。

［例1］　AIを利用した顔認証システムがビルの入退室管理などに導入され始めている。今後、AIによる顔認証システムは普及していくのだろうか。

［例2］　近年、医療分野で診断にAI技術を用いる研究が進められている。AI技術の導入によって、医療現場にはどのような変化が起きるのだろうか。

練習

下線部に適切な表現を入れて、文章を完成させてください。波線部は、自分で内容を考えましょう。

① 法務省のホームページによると、日本では、2022年4月1日より成人年齢が20歳から18歳に引き下げられた。この法改正により、18、19歳の若者が親の同意を得ずに様々な契約を結べるようになった。このことに対しては、若者が金銭のトラブルに巻き込まれるという危険性が指摘されている。では、トラブルを未然に防ぐために、どのような対策を講じればよい＿＿＿＿＿＿＿＿。

② 2021年10月25日付の『朝日新聞』によると、採用や昇進の面接にAIを活用する企業が増えている。AIが被面接者に対し40〜60分間質問をして面接の内容をまとめ、採点は人間が行うという。

　a. 一見効率的な仕組みだが、AIによる面接に問題は＿＿＿＿＿＿＿＿＿＿＿＿＿＿。
　b. では、AIによる面接にはどのような＿＿＿＿＿＿＿＿＿＿＿＿＿＿＿＿＿＿＿。

c. 〰〰〰〰〰〰〰〰〰〰〰〰〰〰〰〰〰〰〰〰〰〰〰〰〰〰〰〰〰〰〰〰〰。

表現2　自分の考えを述べる。

| ～ | と | 思われる。
考えられる。 |

※レポートで自分の考えを述べる場合、「私は～と思う／考える」といった表現より、主に「～と思われる／考えられる」が用いられます。「～と思われる／考えられる」を使うと、思考を行う主体である「私」を文の上に表す必要がなくなるため、より客観的な印象を与えることができます。

Model　AIと人間の関係という観点から考えると、AIが生み出した作品に著作権を認めないという判断は妥当であると**思われる**。

[例3]　今後、AIによる顔認証システムは普及していくのだろうか。顔認証システムは、すでにビルの入退場管理や企業のシステムへのログインなどに広く用いられており、今後も多方面において使用が拡大すると**考えられる**。顔認証システムには、従来の鍵やカードと異なり、複製が難しく不正が起こりにくいという利点があるからである。

練習

下線部に適切な表現を入れて、文章を完成させてください。

③　さらなる普及の拡大が予想される顔認証システムについて、規制は必要ないのだろうか。顔認証システムの利用には、規制が必要である＿＿＿＿＿＿＿。現在、公共空間に限らず、住宅や駐車場といった私有地にも数多くの監視カメラが設置されている。任意に設置された監視カメラの映像が統合され、その分析に顔認証システムが使用されれば、特定の個人の行動を追跡するといったことも可能となり、人々のプライバシーが侵害される可能性がある。

〈参考文献〉

2021年10月25日「広がるAI面接、どこまで委ねる？　店長昇格・バイト採用、採点と合否決定は人」『朝日新聞』朝刊

法務省「民法の一部を改正する法律（成年年齢関係）について」法務省ホームページ
http://www.moj.go.jp/MINJI/minji07_00218.html（2023.1.27参照）

◆ やってみよう

　次の文章を読み、問題提起の文を書いた上で、それに対するあなたの考えを述べてください（既に書いてある部分を除いて150〜250字）。

　　法務省のホームページによると、日本では、2022年4月1日より成人年齢が20歳から18歳に引き下げられた。この法改正に対して、18歳から親の同意を得ずに様々な契約ができるようになることで、若者が金銭のトラブルなどに巻き込まれる危険性があるとの懸念が示されている。

のだろうか。

〈参考文献〉

法務省「民法の一部を改正する法律（成年年齢関係）について」法務省ホームページ
　　http://www.moj.go.jp/MINJI/minji07_00218.html（2023.1.27参照）

---

3. 課題

　Model を参考にして、3-1-1で読んだ新聞記事の男性に対して忘れられる権利を認めるべきかについて、あなたの意見を述べる文章を作成してください（要約文を除いて300〜400字）。3-1-1の「やってみよう（2）」で作成した読み物1の要約文の続きとして作成します。要約文の後ろに、問題提起の文を入れた上で意見を述べてください。最後に、新聞記事の書誌情報を参考文献として記載してください。

⬇ 　以下の課題作成用のワークシート（書き込むスペースがあるもの）を本書webサイトよりダウンロードできます。

〈ワークシートの見本〉

―――――――――――――――――――――――――――
――――――――――――――――――――のだろうか。
―――――――――――――――――――――――――――
―――――――――――――――――――――――――――
―――――――――――――――――――――――――――
―――――――――――――――――――――――――――
―――――――――――――――――――――――――――
―――――――――――――――――――――――――――

〈参考文献〉

―――――――――――――――――――――――――――
↑新聞記事の日付　↑「みだし」　↑『新聞名』　↑朝刊か夕刊か

3-2 レポート作成の階段③
問いの設定とタイトルの付け方

> 目標：自分で問いを立ててレポートを作成できるようになる。

1. 問いの設定

大学のレポートの課題は、テーマ（何について書くか）と問いが決められている場合もあれば、自分でテーマを設定し問いを立てることもあります。また、「○○について自由に論じよ」というようにテーマのみが与えられた場合は、自分で問いを立ててレポートを書く必要があります。その場合、どのような問いを立てるかが、良いレポートが書けるかどうかに大きく影響します。ここでは、自ら問いを設定する際に、どのようなことを考えればよいのかを学んでいきましょう。

◆ レポートの型

レポートは、そのテーマや内容によっていくつかのタイプに分類できますが、本書では以下の二つのタイプを扱います。どちらも、問い、答え、論証という三つの要素から成る点は同じです。

・論証型レポート

筆者の主張が、問いに対する答えとなるタイプのレポートです。レポートでは、問いに対する筆者の主張を述べ、その妥当性を論理的に説明していくことになります。たとえば、「ウィキペディアとどのように付き合っていくべきか」「あるサービスは10年後にどのようになっているか」といった問いのレポートがそれに当たります。

・調査報告型レポート（文献調査）

調査で調べたことが、問いに対する答えとなるタイプのレポートです。レポートでは、文献（書籍、論文、新聞など）で調べたことをまとめ、それを問いに対する答えとして提示します。たとえば、「ウィキペディアはどのようにして誕生したのか」「あるサービスが現在どの程度利用されているか」といった問いのレポートがそれに当たります。

このように二つに分類しましたが、「ある事柄について詳しく調べた上で主張を述べる」というレポートの場合は、両方の要素を含むことになります。本書では、このようなレポートを「**複合型レポート**」と呼びます。

◆ テーマ・問いを設定する際に考えるべきこと

レポートのテーマと問いを設定する際には、次のようなことを考える必要があります。

論証型レポート

・そのテーマは、大きすぎないか

「世界から飢餓をなくすには誰が何をすべきか」という問いは、世界のどこで何が原因で飢餓が起きているかを調査してからでないと論じられません。このような大きなテーマ、つまり、範囲が広く、論証のために膨大な情報の収集が求められるテーマは、レポートという比較的短い文章では十分に論じることができません。レポートのテーマは、レポート作成にかけられる時間に見合った具体的で大きすぎないものにしたほうがいいでしょう。

・その問いは、論じる価値があるか

「いじめは、なくすべきか」という問いに対しては、ほとんどの人が「なくすべきだ」と答えるでしょう。ですから、この問いをわざわざ取り上げて論じ、「なくすべきだ」という主張を繰り返す必要はあまりないと言えます（反対に、主流の考え方とは違って、「いじめをなくすべきではない」と主張するのなら、論じる価値はあるかもしれません）。複数の異なる意見がある問いのほうが論証する価値があると言えます。

調査報告型レポート

・その問いに答えるには、どのような文献やデータが必要か

まず、問いに答えるために、どのような文献やデータが必要かを考える必要があります。必要な文献やデータがあるかを探し、答えを書くことができる問いを設定します。

※文献やデータの探し方については、8-2-1で扱います。

2. タイトルの付け方

◆ タイトルの設定

テーマと問いが決まり、レポートの内容が定まったら、タイトルを付けます。タイトルは、レポートの中心となる内容を簡潔に表すものを選びます。タイトルを決める上で重要な手掛かりになるのは、レポートの問いです。問いを簡潔に言い換えることによって、レポートの内容を的確に反映したタイトルをつけることができます。

〈例〉・問い：AIによる採用面接ではどのようなことが行われているのか。どのような課題があるのか。

・タイトル：AIによる採用面接の現状と課題

◆ タイトルのサンプル

　レポートのタイトルは、簡潔であると同時に、具体的である必要があります。読み手がタイトルだけを見ても、本文の内容を推測できるように工夫しましょう。次の表のAとBを比べてみてください。

レポートのタイトル

A 具体的なタイトル	B 具体的ではないタイトル
AIによる採用面接の現状と課題	AIによる採用面接
少子高齢化をどのように食い止めるか	少子高齢化について
早期英語教育が児童の母語習得にもたらす影響について	早期英語教育に関する考察

　タイトルは長くても30字程度に収めることが望ましいです。タイトルだけではレポートの内容を十分に伝えることができない場合は、サブタイトル（副題）を付けます。サブタイトルは、分析の対象や観点を示したものが多く見られます。

〈例〉・過疎地域における高齢者医療支援システム構築への取り組み―A村の事例から―
　　　・日本の私立大学における奨学金制度の問題点―欧米の私立大学との比較から―

3. レポートを書いてみよう

　3-1-1と3-1-2では「権利」についての新聞記事を二つ読みました（「忘れられる権利」と「AIの著作権」）。今回は「権利」に関して自分で問いを立てて、レポートを書いてみましょう（800〜1,200字）。

◆ 話し合ってみよう

❶ ブレーン・ストーミング

　「権利」という言葉を聞いて、どんなものが思い浮かびますか。グループで話し合って、どんどん出してみましょう。まずはたくさんアイディアを出すことが目的ですから、今は、他の人の意見を否定せずに、書き出してください。

〈メモ〉

❷ 問いを考える

　❶で挙げた様々な「権利」に関連して、どのような問いが立てられるか、一人で複数考え、書き出してみましょう。この段階では、「その問いでレポートが書けるかどうか」は気にしなくても大丈夫です。問いは、必ず疑問文で書いてください。

〈メモ〉

```
                                                          
                                                          
                                                          
                                                          
                                                          
```

❸ 問いの検討

　❷で各自が考えた問いをグループの人と共有します。次に、それぞれの問いを「論証型」と「調査型」に分けてみてください。分類が終わったら、上の「テーマ・問いを設定する際に考えるべきこと」で挙げた観点から、各々の問いを検討してみましょう。

◆ 書いてみよう

❹ 問いを決め、内容を考える

　グループで検討した問いの中から、一つ、論証型の問いを選んでレポートを書きましょう。
　※以下の「論証」では、なぜその答えなのかを丁寧に説明してください（論証の方法については、
　　4-1-2で詳しく扱います）。

```
問い：
答え：
論証：


```

❺ タイトルを付ける

　❹で決めた問いを基にして、レポートのタイトルを付けてみましょう。

```
タイトル：

```

❻ アウトラインを作成する

　2-2の「レポート作成の階段②」のアウトライン（p. 40）を参考にして、アウトラインを作

成してください。まず、下の❼の〈確認表〉を見て、どのような内容のレポートが求められているか、確認してください。

読み物＆表現

レポート作成

レポートを読み合う

❼ レポートの作成

　作成したアウトラインを基にレポートを作成してください。書き終えたら、〈確認表〉の「自己評価」の欄を記入してください。

　　レポート作成用のワークシートを本書webサイトよりダウンロードできます。

〈確認表〉　よくできた◎　できた〇　もう少し△　残念×

	項目	自己評価	記入者氏名		
1	その権利がどのような権利かなど、背景説明がある。				
2	問題提起の文(レポートの問い)がある。				
3	問いに対する明確な答えがある。				
4	なぜその答えなのかが丁寧に説明してある。				
5	本文の内容に合った適切なタイトルが付けてある。				

3-3　レポートを読み合う

> 目標：1. 意見を交換しながら、コメントを述べ合う。
> 　　　2. もらったコメントを参考に、レポートを修正する。

　3-2では、「権利」について問いを立ててレポートを書きました。今回も、クラスの人とレポートを読み合い、コメントを述べ合いましょう。今回は、コメントを述べるだけでなく、コメントをもらった人がどう受け止めたか、また、コメントに対してグループのメンバーはどう考えているかなど、意見を交換しながら話し合ってみましょう。活動の後で、もらったコメントを基にして自分のレポートを修正し、より良いレポートを目指します。

◆ 話し合いの上手な進め方

　準備したコメントを述べる際は、一人の人が準備したコメントを全部続けて話すのではなく、一人がコメントを一つ述べたら司会者が書き手や他の人に意見を求めるというふうに、意見を交換しながら進めてみましょう。このように話し合いを進めると、一つ一つのコメントを皆がじっくり理解することができ、かつ、二番目、三番目にコメントを述べる人が「私が考えたコメントは、もう全部出ました。」というような事態を防ぐことができます。

◆ 話し合いのサンプル

　どのようにコメントを述べればよいか、話し合いの例を見てみましょう。読みながら、コメントを述べ合う際に使えそうな表現に下線を引いてみましょう。

司：司会者

A、B、C：グループのメンバー

司：今日は、40分で4人なので、一人10分ですね。まず、〈確認表〉の項目に沿って話し合い、それが終わってから、〈確認表〉の項目以外のコメントをお願いします。では、Aさんのレポートから、検討していきましょう。まず、1の背景説明についてのコメント、ありますか。Bさん、お願いします。

B：はい。Aさんのレポートは、韓国の外国人の参政権についてですね。私は、韓国で外国人に参政権を与えているというのを知らなかったので、まず、びっくりしました。

A：はい。地方選挙だけですけど。

B：それで、レポートを読んでいるうちに「韓国では外国人に参政権を与えているのだ」とわかりましたが、最初の背景説明で「韓国では外国人に地方選挙の参政権を与えている」とはっきり書いたほうが、わかりやすいと思います。

A：そうです……ね。それは、書いていませんね……。ありがとうございます。

司：Cさんは、今の点については、どう思いますか。

C：私は、韓国人ですから、この問題は知っていました。あの、〈確認表〉の2の問いと3の答えについてのコメントなんですが、……

司：あ、あの、1の背景説明についてのコメントは……。

C：あ、すみません。進んでしまいました……。私は、理解できましたけど、Aさんがおっしゃるように、はっきり参政権の説明を書いたほうがいいと思います。

司：では、〈確認表〉の2と3の問いと答えについて、お願いします。

C：それで、問いと答えについてですが、問いは、「外国人にも参政権を与えるべきか」ですよね。そして、答えは「長所と短所があるから、国民がよく話し合うべきだ」ですよね？ 実は、私も、はっきりした答えは出せないんですけど、レポートを読んで、Aさんは、参政権を与えたほうがいいと思っているのか、そうでないのか、知りたいなぁと感じました。

A：ううん……。そうですか……。

司：私からも、いいですか。私も、Aさんの考えがあったほうがいいと思いました。「長所も短所もあってどちらがいいか簡単には言えないから、国民的議論が必要だ」ということは丁寧に説明してあるので、〈確認表〉4の「なぜその答えか丁寧に説明されている」という点では問題ないと思います。でも、やはり、「で、Aさんは？」と聞きたくなりました。

A：ううん……。ありがとうございます。その町に住んでいるのだから、地域の一員として参政権を与えるべきとも思いますが、やはり、ちょっと不安もあるというか……。ちょっと考えてみます。

司：Bさんは、この点について、どう思いますが。

B：ええと……、私は今の国民的議論が必要だという意見、すごく共感しました。難しい問題ですし。今のままでもいいんじゃないかなって。

A：ありがとうございます。

司：では、〈確認表〉の5のタイトルについては、ご意見、ありますか。「韓国の外国人参政権について」ですね。

A：「〜について」は、あんまりよくないって、先生が言ってましたけど、いいのが思い浮かばなくて。

B：「韓国の外国人参政権の是非」は、どうですか。

司：そのほうが、内容がわかりますね。「地方選挙」も入れたほうがいいかもしれませんね。

A：ありがとうございます。考えてみます。

司：では、〈確認表〉の項目にないことで何かありますか。

B：はい。ええと、一つ、質問ですが、第3パラグラフで、韓国の外国人の割合と日本の外国人の割合が書いてありますが、これは、ええと……、何を説明するために書いたのでしょうか。ちょっと、その点が理解できなかったんですが……。

A：あ、それはですね、外国人に参政権が与えられている場合、外国人が非常に多くなった
　　ら政治に外国からの影響が出るという短所があります。じゃあ、どのくらいの外国人が
　　住んでいるのか、という流れで書きました。

B：あぁ、そういうことですか。わかりました。そうすると、今くらいの割合だと、大きな
　　影響はないということですか。

A：すみません、その点は、まだ詳しく調べていないので……。

B：わかりました。ありがとうございます。

C：あの、いいですか。

司：はい。お願いします。

C：細かいんですが、ときどき、「です、ます」の文が混ざっているようです。ええと、9
　　行目とか……。

A：ああ、本当だ。ありがとうございます。

司：他にいかがですか。では、そろそろ時間なので、Bさんのレポートに移りましょう。B
　　さんのレポートは、「子どもに自分の権利をどのように知ってもらうか」ですね。

B：はい。よろしくお願いします。

司：では、Cさん、まず、1の背景説明についてコメントを一つ、お願いします。

◆ コメントを述べ合い、レポートを修正する

❶ コメントの準備

　レポートを読んで、コメントを準備しましょう。レポートを読み、〈確認表〉に記入します。
この際、例えば、◎を記入したら、どこがよかったのか、△を記入したら、なぜ△なのか、
メモを残しておきます。〈確認表〉にないことでも、書き手に伝えたいことがあれば、それ
もメモしておいてください。メモは、自分のためのものです。

〈メモ〉

```



```

❷ コメントを述べ合う

・まず、グループで司会者を決めてください。

・司会者は、〈確認表〉の項目に沿って話し合いを進めてください。最後に、自由に意見や
　感想を述べる時間も取りましょう。

・グループのメンバーは、司会者の指示にしたがって、順番にコメントを一つずつ、述べて
　ください。レポートの書き手や、グループの人は、コメントに対して質問があれば、質問

しましょう。

❸ レポートの修正

　クラスの人からもらったコメントを基に、自分のレポートを修正してみましょう。質問があったところに説明を加えるなど、読みやすいレポートを目指しましょう。

第4課

言　語

4-1-1　読み物1＆表現

読む前に
- あなたの母語には、どのような外来語がありますか。
- 最近、ニュースやテレビ、大学の授業などで初めて聞いた外来語がありますか。

1. 読み物

フリーター
freeter

『和製英語　伝わらない単語、誤解される言葉』ウォルシュ，スティーブン（2020）　角川文庫

- こう聞こえるかも──揚げ物／fritter
- 英語では──「アルバイトをしている」なら part-time job をしている（freeter は造語）

　ご存知のとおり英国紳士でありますこの私、心身いずれにおいても労働というものは避けておりますし、言葉を耳にしただけで頭痛に襲われます。しかし、さらにひどい頭痛に襲われてしまうのは、非正規労働を表す、アルバイト、バイト、フリーター、パートなど意味がよく分からなくて難しい多種多数の外来語を耳にするときです。

　「アルバイト」は「仕事」を表すドイツ語なので、仮に正しく発音されたとしてもほとんどの英語圏の人たちはその意味が分からないでしょう。これの短縮形である「バイト」という言葉ですが、最初私は誰かをバイト（英語のbiteは嚙むという意味）することでお金をもらう、何か奇妙な性的倒錯のことだろうかと思いました（そういう風に考えた私のほうが奇妙なのでしょうか!?）。

　もしアルバイトをしていたら、英語では part-time job をしていると言い、本職のほかに副業を持っている場合は side job または job on the side を持っている、もしくは moonlighting していると言います。

　同じように、「パート」は英語でpart-time jobとかweekend job、またはSaturday jobやevening jobと言います。「パート」（part）を持っている、というのは英語で劇団の役者であることやオペラで役を歌うことを意味し、スーパーマーケットで品出しをしたりハンバーガーショップでパテを焼いていることとはまったくちがった意味になってしまいます。

　「フリーター」は日本のメディアで頻繁に使われる言葉ですが、これも造語であるので英語では何のことだか分かりません。

「フリーター」にいちばん音が近い異義語は英語のfritterで、これは名詞では果物や野菜や肉の天ぷらのことを指し、動詞では時間、労力、お金をくだらないことに費やすことを意味します。

成功の見こみがほとんどない低賃金のアルバイトを指す英語の俗語に、McJob（マック・ジョブ）という言葉があり、これは有名なファストフードチェーン店名からできた言葉だと言われています。日本でこの言葉が流行していないのは、(a)日本の社会ではどんな仕事に従事していても、職場で接する人から平等に扱われていることが多く、労働者もどんな仕事であろうと自分の仕事に真面目にとりくむことが多い証なのかもしれません。

◆ 内容確認

本文を読み、以下の質問に答えてください。

(1) 英語圏の人たちが「バイト」という単語をわかりにくいと感じるのは、なぜですか。

(2) 英語圏の人たちが「パート」という単語をわかりにくいと感じるのは、なぜですか。

(3)「フリーター」という単語が英語圏の人々に通じない理由は、何ですか。

(4) 筆者は、外来語が「多種」あると述べています。どのような種類があるか、(1) から (3) を基にして、まとめてください。

◆ 話し合い

(1) 日本語の外来語をわかりにくいと感じることがありますか。その理由は何ですか。

(2) 日本語の外来語とあなたの国の言語の外来語には、どのような共通点や相違点がありますか。

> 目標：文章を引用し、引用の内容に対して意見を述べる。

◆ Model 1　表現に注目して読んでみよう

　ウォルシュ（2020）は、「アルバイト」や「バイト」といった外来語は、英語圏の人にとって分かりにくいとしている。「アルバイト」はドイツ語由来であるため正しく発音されたとしても英語圏の人には分かりにくく、また、縮約形の「バイト」は英語のbite（噛む）かと誤解したと述べている。確かに、初めてこれらの言葉を耳にした英語話者は、その意味を推測するのに苦戦するかもしれない。しかし、この難しさは、日本語の外来語が全て英語に由来し、英語の意味を保持しているという考えから生まれるものである。日本語には英語以外からもたくさんの言葉が取り入れられており、意味や形が変化しているものも多い。仮に「バイト」という言葉の意味が分からなかったとしても、それをわざわざ英語と関連づけて考える必要はない。ただ知らない日本語の単語が一つあると考えれば、和語や漢語に比べて外来語が特に難しいということにはならないだろう。

Model 2

　ウォルシュ（2020）は、英語に由来する外来語の意味が原語とずれており、英語話者にとって分かりにくいとしている。例えば、日本語の「パート」は英語では「part-time job」で、「パート」（part）を持っているというのは、英語では劇団の役者であることやオペラで役を歌うことを意味すると述べている。これは、重要な指摘である。なぜなら、日本語非母語話者の目に日本語の外来語がどのように映っているかを示しているからである。外来語に関しては、日本語母語話者にとっても意味が分からないものが多いと度々問題視されている。母語話者にとっても非母語話者にとっても分かりにくいのであれば、外来語の使用を制限することは検討に値するのではないだろうか。

◆ 構成

発話を表す動詞を使って引用する。引用の内容に対して意見を述べる。

◆ 表現

表現1　発話を表す動詞を使って引用する。

（1）間接引用

　著者名（刊行年） は、　　～　　と Vて いる。

※V（動詞）には、「述べる」「指摘する」「批判する」などの発話を表すものか、「する」を使います。
※間接引用では、元の文を要約したり一部言い換えたりして引用します。ただし、元の文の内容を変えてはいけません。

読み物＆表現

レポート作成

レポートを読み合う

Model 1　ウォルシュ（2020）**は**、「アルバイト」や「バイト」といった外来語は、英語圏の人にとって分かりにくい**としている**。「アルバイト」はドイツ語由来であるため正しく発音されたとしても英語圏の人には分かりにくく、また、縮約形の「バイト」は英語のbite（噛む）かと誤解した**と述べている**。

Model 2　ウォルシュ（2020）**は**、英語に由来する外来語の意味が原語とずれており、英語話者にとって分かりにくい**としている**。例えば、日本語の「パート」は英語では「part-time job」で、「パート」（part）を持っているというのは、英語では劇団の役者であることやオペラで役を歌うことを意味する**と述べている**。

（2）直接引用

> 著者名（刊行年）　は、　「　〜　」　と　Vて　いる。

※直接引用では、元の文を「　」に入れてそのまま引用します。表記も含め、元の文を一切変更してはいけません。

［例1］　ウォルシュ（2020）**は**、「「アルバイト」は「仕事」を表すドイツ語なので、仮に正しく発音されたとしてもほとんどの英語圏の人たちはその意味が分からないでしょう」**と述べている**。

練習

下線部に適切な表現を入れて、文章を完成させてください。

① 　ウォルシュ（2020）a.＿＿＿、「フリーター」という単語は、日本のメディアで頻繁に使われるが、造語であるため英語では理解できないb.＿＿＿＿＿＿＿＿＿＿＿＿＿＿＿＿＿＿＿。

② 　ウォルシュ（2020）a.＿＿＿、「「フリーター」は日本のメディアで頻繁に使われる言葉ですが、これも造語であるので英語では何のことだか分かりません」b.＿＿＿＿＿＿＿＿＿＿＿＿＿＿＿＿＿＿＿＿＿＿。

読み物の下線部（a）を間接引用と直接引用の二つの形で適切に引用してください。

> 間接引用
>
> ③ 　ウォルシュ（2020）は、日本で「McJob」という英語の俗語が流行っていないのは、
>
> ＿＿＿＿＿＿＿＿＿＿＿＿＿＿＿＿＿＿＿＿＿＿＿＿＿＿＿＿＿＿＿＿＿＿＿＿＿＿
>
> ＿＿＿＿＿＿＿＿＿＿＿＿＿＿＿＿＿＿＿＿＿＿＿＿＿＿＿＿＿＿＿＿＿＿＿＿＿＿
>
> 直接引用
>
> ④ 　ウォルシュ（2020）は、日本で「McJob」という英語の俗語が流行っていないのは、
>
> ＿＿＿＿＿＿＿＿＿＿＿＿＿＿＿＿＿＿＿＿＿＿＿＿＿＿＿＿＿＿＿＿＿＿＿＿＿＿
>
> ＿＿＿＿＿＿＿＿＿＿＿＿＿＿＿＿＿＿＿＿＿＿＿＿＿＿＿＿＿＿＿＿＿＿＿＿＿＿

次の文章を読み、間接引用か直接引用か、指示に従って下線部を引用し、文章を完成させてください。

『日本語ライブラリー　ことばの借用』

阿久津智著, 沖森卓也・阿久津智編（2015）朝倉書店

1　「借用」とその影響
【ことばの「借用」とは】

　「ことばの『借用』」というときの「借用」（borrowing; loan）とは、日常会話で使う、一般的な意味での「借用」（借りて使うこと）とは異なり、「(ある言語の中に) 外来の要素を取り入れること」をいう。一般的な意味での「借用」が「使った後に返す」という意味を含むのに対して、「ことばの『借用』」の場合は、「自分のもの（その言語の一部）にする」という意味を含むことになる。つまり、「借用」は、その言語の変容にかかわる現象だといえる。

間接引用

⑤　a.＿＿＿＿＿＿＿＿は、ことばの借用とは、b.＿＿＿＿＿＿＿＿＿＿＿

＿＿＿＿＿＿＿＿＿＿＿＿＿＿＿＿＿＿＿＿＿＿＿＿＿＿＿＿＿＿＿＿＿

＿＿＿＿＿＿＿＿＿＿＿＿＿＿＿＿＿＿＿＿＿＿＿＿＿＿＿＿＿＿＿＿＿

直接引用

⑥　a.＿＿＿＿＿＿＿＿は、ことばの借用とは、b.＿＿＿＿＿＿＿＿＿＿＿

＿＿＿＿＿＿＿＿＿＿＿＿＿＿＿＿＿＿＿＿＿＿＿＿＿＿＿＿＿＿＿＿＿

＿＿＿＿＿＿＿＿＿＿＿＿＿＿＿＿＿＿＿＿＿＿＿＿＿＿＿＿＿＿＿＿＿

1.2　借用をめぐる諸相
1.2.1　借用語の位置

（前略）

　日本語は、諸言語のなかでも比較的借用語が多い言語だといわれるが、語彙に占める固有語と借用語との比率は、言語によって異なる。たとえば、英語は借用語の多い言語として有名であり、韓国語も借用語（特に漢語）が多い。逆に、フランス語や中国語は借用語の少ない言語だとされる。借用語の受容に関しては、言語（体系）的に受け入れやすい言語とそうでない言語とがあるといわれる。たとえば、表音文字を使っていない言語（中国語）や、安定した正書法を持つ言語（フランス語など）、語形変化が複雑な言語（アイスランド語など）などは、借用語を受け入れにくいようである。これに対し、日本語の場合は、表記面では、外来語専用ともいうべき表音文字（カタカナ）を持ち（か

つ、その運用は緩やかであり)、文法面では、借用した語形に文法的機能を担う要素（動詞的用法なら「する」、形容詞的用法（連体修飾）なら「な」など）を付加すればよい（借用した語形そのものを、変化させる必要がない）、という簡便さを持つことなどが、借用語の取り入れを容易にしている。

※阿久津 (2015) では、脚注に各言語の借用語の多寡の根拠が示されているが、脚注は省略した。詳しくは、阿久津 (2015) の pp.23–24 を参照されたい。

間接引用

⑦　a.＿＿＿＿＿＿＿＿＿＿は、日本語が比較的借用語が多い言語であるのは、b.＿＿＿＿

＿＿＿＿＿＿＿＿＿＿＿＿＿＿＿＿＿＿＿＿＿＿＿＿＿＿＿＿＿＿＿＿＿＿＿＿＿＿＿

＿＿＿＿＿＿＿＿＿＿＿＿＿＿＿＿＿＿＿＿＿＿＿＿＿＿＿＿＿＿＿＿＿＿＿＿＿＿＿

＿＿＿＿＿＿＿＿＿＿＿＿＿＿＿＿＿＿＿＿＿＿＿＿＿＿＿＿＿＿＿＿＿＿＿＿＿＿＿

表現2　引用の内容に対して意見を述べる。

（1）引用の内容を肯定する

| ～（引用文）。| 著者名（刊行年）| の指摘の通り、
が述べているように、| ～ 。|

［例2］　ウォルシュ（2020）は、「アルバイト」や「バイト」といった外来語は、英語圏の人にとって分かりにくいと述べている。ウォルシュ（2020）の指摘の通り、外来語は日本語のコミュニケーションを阻害する可能性がある。単語の意味が原語と異なる上に、発音も日本語に合わせて変化しているためだ。

（2）引用の内容を受け止めた上で、異なる意見を述べる

| ～（引用文）。確かに、| ～ 。しかし、| ～ 。|

Model 1　ウォルシュ（2020）は、「アルバイト」や「バイト」といった外国語は英語圏の人にとって分かりにくいとしている。（中略）確かに、初めてこれらの言葉を耳にした英語話者は、その意味を推測するのに苦戦するかもしれない。しかし、この難しさは、日本語の外来語が全て英語に由来し、英語の意味を保持しているという考えから生まれるものである。（中略）ただ知らない日本語の単語が一つあると考えれば、和語や漢語に比べて外来語が特に難しいということにはならないだろう。

（3）引用の内容を評価する

| ～（引用文）。これは、| ～ 指摘／主張 である。|

Model 2　ウォルシュ（2020）は、英語に由来する外来語の意味が原語とずれており、英語話

者にとって分かりにくいとしている。（中略）これは、重要な指摘である。なぜなら、日本語非母語話者の目に日本語の外来語がどのように映っているかを示しているからである。

（練習）

下線部に適切な表現を入れて、文章を完成させてください。

⑧　ウォルシュ（2005）は、日本では人々が職種に関係なく平等に扱われることが多く、また、労働者も職種を問わず真面目に仕事に取り組むことが多いとしている。ウォルシュ（2020）＿＿＿＿＿＿＿＿＿＿、これらは日本の仕事文化の大きな特徴であると言える。

⑨　ウォルシュ（2020）は、日本では人々が職種に関係なく平等に扱われることが多く、また、労働者も職種を問わず真面目に仕事に取り組むことが多いとしている。a.＿＿＿＿＿＿、このような指摘は多くの日本人にとってもうなずけるものかもしれない。b.＿＿＿＿＿、一方では、職種や職階による待遇の格差が指摘されたり、収賄といった業務上の不正行為が摘発されたりしているのも事実である。

⑩　ウォルシュ（2020）は、日本では人々が職種に関係なく平等に扱われることが多く、また、労働者も職種を問わず真面目に仕事に取り組むことが多いとしている。これは、海外の人々に日本人の労働に対する姿勢がどのように映っているかを示す興味深い＿＿＿＿＿＿＿＿＿＿。では、他国と比較した場合、実際にこのような傾向が存在すると言えるのだろうか。

◆　やってみよう

　下の四角の中の文章は、外来語と原語のずれが外国語学習や外国語使用の妨げになるという次の辞書の記述を引用したものです。辞書の記述を読んでから、下の(1)と(2)をそれぞれ完成させてください（既に書いてある部分を除いてそれぞれ150～250字）。

「外来語」『日本大百科全書』（Japan Knowledge による。）
▲外来語と原語のずれ
外来語が日本語化するとき、原語との間にずれが生ずることが多い。発音は日本語化され、外国語での発音上の区別が失われるものがある。right（右）と light（照明）はともにライトになる。マスコミ mass communication、インフレ inflation など、語形を省略したものもある。バックネット（英語で backstop）、デコレーションケーキ（英語で fancy cake）、プレイガイド（英語で ticket agency）など、外国語にないことばをつくることもある。意味がずれることもある。家具などのカバーは日本語でも英語でも共通だが、英語で本の cover は表紙を意味するのに対し、日本語のカバーは表紙を覆うもの（英語では jacket, wrapper）をいう。これらのずれは外国語学習や外国語使用時に妨げとなることがある。

(1)

『日本大百科全書』は、外来語が日本語化する際に発音や語形、意味など、様々な側面において変化が生じ、それによって生じる原語とのずれが、外国語学習や外国語使用時に妨げになると述べている。例として、right（右）とlight（照明）が日本語ではいずれもライトになることや、英語の本のcoverは表紙を意味するのに対し、日本語のカバーは表紙を覆うものになることなどを挙げている。『日本大百科全書』の指摘の通り、＿＿

〈参考文献〉

「外来語」『日本大百科全書（ニッポニカ）』Japan Knowledge　https://japanknowledge.com
　　（2023.1.27 参照）

(2)

『日本大百科全書』は、外来語が日本語化する際に発音や語形、意味など、様々な側面において変化が生じ、それによって生じる原語とのずれが、外国語学習や外国語使用時に妨げになると述べている。例として、right（右）とlight（照明）が日本語ではいずれもライトになることや、英語の本のcoverは表紙を意味するのに対し、日本語のカバーは表紙を覆うものになることなどを挙げている。確かに、＿＿。
しかし、＿＿

〈参考文献〉

「外来語」『日本大百科全書（ニッポニカ）』Japan Knowledge　https://japanknowledge.com
　　（2023.1.27 参照）

3. 課題

Model を参考にして、文章を引用し、それに対する自分の意見を述べる文章を作成してください（300〜400字）。まず、次の池谷（2013）の文章を読み、英語をカタカナに置き換えて発音することについての主張を引用します。次に、引用の内容に対するあなたの意見とその根拠を述べてください。最後に、池谷（2013）の書誌情報を参考文献として記載しましょう。

---

15 脳は妙に聞き分けがよい　音楽と空間能力の意外な関係

『脳には妙なクセがある』池谷裕二（2013）扶桑社

怖いくらい通じるカタカナ英語のすすめ

　実際、9歳以降では、渡米して英語だけの生活を、たとえ30年続けても、日本語由来の訛りは抜けないとする言語学者もいます。いくら努力をかさねても、真のバイリンガルにはなれないわけです。ましてや私のように13歳になって中学校で英語を始めた人間には、正確な発音は絶望的。どうしてもカタカナ英語になってしまいます。

　ただし、カタカナ発音がまったく通用しないかといえば案外そんなことはありません。割り振るカナを工夫すれば意外と通じます。立ち入った説明は本書の枠を超えてしまいますので、興味ある方は拙著『怖いくらい通じるカタカナ英語の法則』（講談社ブルーバックス）をご覧いただきたいのですが、たとえば、animalはアニマルではなく「エネモウ」、hospitalはホスピタルではなく「ハスペロウ」と発音すればよく通じます。

　気取って英語風に話す必要はありません。ちょっとアクセントをつけて、そのままカタカナを読みあげれば、楽に通じます。同様にして、Can I have…はケナヤブ、Do you mind if I …はジュマインデファイ、I want you to…はアイワニュル。

　もちろん、これで完璧な英語だというわけではありません。しかし「より通じる」という意味では実用的であるとは言えます。こうしたカタカナ代替にはちょっとした法則があります。英語が苦手な私には、このコツがずいぶん救いになっています。

 課題作成用のワークシートを本書webサイトよりダウンロードできます。

4-1-2 読み物2&表現

1. 読み物

外来語にどう対応すべきか

『日本語学』35（7）田中牧郎（2016）明治書院

1. はじめに

　少し前のことだが、外来語（提訴では「外国語」とする）を使い過ぎていると、71歳の男性がNHKを提訴したという報道が、話題を呼んだ。産経新聞の記事（2013年6月27日）から引用すると、次の通りである。

　　訴状では、NHKが番組内で「リスク」や「ケア」など、外国語を使わなくても表現できる言葉を多用しており、番組名にも「BSコンシェルジュ」「ほっとイブニング」など外国語を乱用していると主張。視聴者の大部分が理解できる言語で製作されておらず、憲法で保護された知る権利や幸福追求の権利を侵害しているという。また、「NHKは国家機関が関与する公共放送で、広範囲で視聴できるため影響力が強い」と指摘。

　この主張は、(a)外来語が引き起こしている問題とそれへの対応はどうあるべきかについて、考えさせるものである。

2. 国語審議会と国立国語研究所による対応策

　男性の主張のうち、公共性の高い機関は、（1）わかりにくい外来語を多用していること、（2）皆にわかる言葉を使うべきであること、（3）わかりにくい外来語はできるだけ使わずに表現すべきこと、の三つの点は、2002年から2006年にかけて(b)国立国語研究所が実施した、「『外来語』言い換え提案」が主張したことと重なる。この提案の書籍版である、国立国語研究所「外来語」委員会編（2006）の「前書き」には次のようにある。

　　公共性の高い文章にも、一般の人々にとってなじみの薄い分かりにくい外来語が多く使われています。公共的な機関が不特定多数の人々に情報を伝える場合、

読み手にとって分かりやすい表現を心がけることが、何よりも大切です。（中略）これ（引用者注：「『外来語』言い換え提案」を指す）は、公共性の高い文章で使われている分かりにくい外来語を一つ一つ取り上げ、言い換えたり説明を付けたりする、分かりやすい表現のための具体的な方法を提案したものです。

　国立国語研究所がこの提案を行った背景には、昭和中期から平成初期にかけて、外来語が急速に増加し（橋本2010）、その勢いが役所やマスコミなど公共性の高い機関にも波及し、そうした機関が不特定多数に向けて発信する媒体において、情報伝達に支障が生じていた問題があった。

　平成期になって以来この問題を憂慮する声が高まるのを受けて、[c]国語審議会(2000)「国際社会に対応する日本語の在り方」の中に、明確な指針が示された。それは、外来語を、（Ⅰ）広く一般的に使われ、国民の間に定着していると見なせる語、（Ⅱ）一般への定着が十分でなく、日本語に言い換えた方が分かりやすくなる語、（Ⅲ）一般への定着が十分でなく、分かりやすい言い換え語がない語の三つに分け、（Ⅰ）は、外来語をそのまま使い（例：「ストレス」「ボランティア」など）、（Ⅱ）は、「アカウンタビリティー→説明責任」「プレゼンス→存在・出席」などと言い換え、（Ⅲ）は、必要に応じて、注釈を付すなど、分かりやすくなるよう工夫する（例：「アイデンテイティー」「バリアフリー」など）とした。定着が十分か否か、わかりやすい言い換え語があるかどうかの二つの観点を明示したこの指針は、明確で受け入れられやすかった。しかし、「定着が十分」「分かりやすい」の判断基準が示されておらず、また例示も少なく、実際に運用していく指針としては、不十分なものであった。

　[d]国立国語研究所の「『外来語』言い換え提案」は、国語審議会の指針に根拠と肉付けを与え、公共的な立場で発信する人が実際に参考にすることができる資料として作成されたものである。個々の外来語の日本語への定着度を調査し、公共的な媒体での外来語の使用例を詳細に分析した上で、有識者を集めた委員会で議論し、176語を取り上げて、わかりにくい外来語をどう言い換えるかを中心とした具体的な対応方法を提案している。（以下略）

〈参考文献〉

国語審議会（2000）『国際社会に対応する日本語の在り方』（国語審議会答申）http://www.mext.go.jp/b_menu/shingi/old_bunka/kokugo_index/toushin/1325309.htm

国立国語研究所「外来語」委員会編（2006）『分かりやすく伝える 外来語言い換え手引き』（ぎょうせい、http://pj.ninjal.ac.jp/gairaigo/ にも掲載）

橋本和佳（2010）『現代日本語における外来語の量的推移に関する研究』（ひつじ書房）

◆ 内容確認

　本文を読んで、以下の質問に答えてください。

(1) 下線部 (a) の「外来語が引き起こしている問題」とは、具体的にどのようなものですか。
　　冒頭部の引用記事を参考にして、自分の言葉で説明してください。

(2) 下線部 (b) の国立国語研究所の「『外来語』言い換え提案」は、どのような背景からな
　　されたものですか。自分の言葉で簡潔に説明してください。

(3) 下線部 (c) の国語審議会 (2000)「国際社会に対応する日本語の在り方」の外来語の分類
　　について、a.〜f. を記入し、表にまとめてください。

外来語の分類	外来語の例	対応
（Ⅰ）広く一般に使われ、国民の間に定着していると見なせる語	a.	b.
（Ⅱ）c.	アカウンタビリティー、プレゼンス	d.
（Ⅲ）e.	f.	必要に応じて、注釈を付すなど、分かりやすくなるよう工夫する

(4) 下線部 (d) に、「『外来語』言い換え提案」は、「国語審議会の指針に根拠と肉付けを与え」
　　とあります。「『外来語』言い換え提案」では、国語審議会の指針の不十分な点（次の①
　　と②）に対して、具体的にどのような対応が行われましたか。

　　①　外来語の定着度の判断基準が示されていないこと

　　②　例が少なく、実際に運用していく指針としては不十分であったこと

◆ 話し合い

(1) 日本では、度々、外来語の「氾濫」や「乱用」が問題にされています。現在の日本にお
　　ける外来語の使用状況について、どう思いますか。

（2）NHK、新聞、公的機関が作成する文書で外来語を制限することについて賛成しますか、それとも反対しますか。その理由は何ですか。

2. 表現と練習

目標：主張と根拠を論理的に述べる。

◆ Model　表現に注目して読んでみよう

　現在、日本語の表記には、ひらがな、カタカナ、漢字の3種類の文字が用いられている。そのうち、漢字については、廃止すべきであるという主張がある。例えば、田中（2011）は、日本語を学ぶ外国人にとって、漢字がその習得に立ちはだかる大きな壁となっていると述べている。特に、看護師や介護士の資格試験が日本語で実施されていることを指摘し、漢字が日本での医療活動に参加しようという海外の若者を追い払っているとしている。はたして、日本は今後も漢字の使用を続けるべきなのだろうか。

　漢字は廃止すべきである。なぜならば、漢字の廃止が、日本を外国人の暮らしやすい社会にすることにつながり、それが日本社会に利益をもたらすからだ。現在、日本は少子高齢化の一途をたどっており、介護や農業など、外国人の労働力がなければ維持できない産業や業種が多数存在する。このような状況で、外国人が日本で働こうとすれば、多くの場合、仕事上でも生活上でも日本語が必須となる。しかし、田中（2011）が述べているように、現状では、漢字が日本語学習者、特に非漢字圏出身の学習者にとって大きな障壁となっている。漢字を廃止すれば、日本語学習における負担を大幅に軽減することができる。日本語の習得が容易になれば、日本での生活も仕事も容易になり、外国人が日本に定着する可能性も高くなる。漢字の廃止が日本社会を支える人口の増加につながり、国全体に利益をもたらし得るのである。日本社会の持続的な発展を考えるなら、漢字を廃止し、日本語をより多くの人にとって使いやすいものにしていく努力が必要だと言えるだろう。

〈参考文献〉

田中克彦（2011）『漢字が日本語をほろぼす』角川マーケティング

◆ 構成

主張を述べる。主張を支える理由を述べる。主張と理由を論理的に結びつけるための知識・情報を述べる。

◆ 表現

表現1　主張を支える理由を述べる。

a.　| ～ （主張）| 。なぜなら（ば）、| ～ | から | だ。
　　　　　　　　　　　　　　　　　　| ～ | ため | である。

b.　| ～ （主張）| 。その理由として、| ～ こと | が挙げられる。

[Model]　漢字は廃止すべきである。**なぜならば**、漢字の廃止が、日本を外国人の暮らしやすい社会にすることにつながり、それが日本社会に利益をもたらす**からだ**。

[例1]　漢字は廃止すべきである。**その理由として**、漢字の廃止が日本社会を支える人口の増加につながる**ことが挙げられる**。

(練習)

下線部に適切な表現を入れて、文章を完成させてください。

①　漢字は廃止すべきである。なぜならば、漢字の習得は日本語学習者に限らず、日本人の児童にとっても大きな負担になる＿＿＿＿＿＿＿。

②　漢字は廃止すべきである。その理由として、漢字の習得が日本語学習者に限らず、日本人の児童にとっても大きな負担になる＿＿＿＿＿＿＿＿＿＿。

◆論理的な文章の書き方　主張と理由を論理的に結びつけるための知識・情報を述べる。

まず、次の文章を読んでください。

　　漢字を廃止すべきである。なぜならば、漢字の廃止が、日本を外国人の暮らしやすい社会にすることにつながり、それが日本社会に利益をもたらすからだ。

　誰かがこの文章（だけ）を読んだ場合を考えてみましょう。「そのとおりだ」と思う人と、「どうして？」と思う人がいるのではないでしょうか。この文章を読んで「そのとおりだ」と思う人にとって、この文章は論理的だと言えます。下の図1を見てください。その人は、例えば、図1の右下にあるような知識や情報を前提にしてこの文章を理解していると考えられます。すなわち、右下の知識や情報を媒介にして、理由を主張に結びつけて理解していると考えられるのです（「理解の回路①」）。一方で、「どうして？」と思う人は、右下の知識や情報を十分に持っていない、または、それらを想起できなかったことにより、主張と理由を論理的に結びつけられていない可能性があります。つまり、「理解の回路①」がうまく形成できず、主張と理由を直接つなげようとしたために（「理解の回路②」）、文章の論理性を見出せていないと考えられるのです。

問い：日本は今後も漢字の使用を続けるべきか。

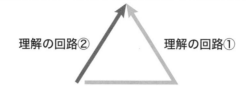

主張（問いに対する答え）：漢字を廃止すべきである。

理解の回路②　　　　　　理解の回路①

理由
なぜならば、外国人が暮らしやすい社会になり、それが日本社会の利益になるからだ。

主張と理由を論理的に結びつけるための知識・情報
・日本は少子高齢化が進んでいる。
・少子高齢化が進むと、労働力が足りなくなる。
・外国人の労働力が必要である。
・外国人が日本に定着するには日本語が必要だ。
・漢字は日本語習得の障害になる。
・漢字を廃止すれば日本語の習得が楽になる。
・日本語の習得が楽になれば仕事も生活も楽になり
　外国人が日本に定着しやすくなる。
・外国人が日本社会の担い手になる。
・社会の担い手の増加は日本社会の利益になる。

図1

　このように、書き手の主張を支える理由の背後には様々な知識や情報があり、それらが読み手にどの程度共有されているかが、文章の理解に大きな影響を及ぼします。多くの人にとって説得力のある文章を書くためには、単に主張とその理由を述べるだけでは足りず、読み手が主張と理由を論理的に結びつけるために必要な知識や情報を丁寧に説明する必要があります。さらに、そのような知識や情報を明確に示すことによって、読み手が書き手の意見に対して異論を持った場合、どこに納得できないかを具体的に指摘できるようになります（例えば、「漢字を廃止すれば日本語の習得が楽になると述べているが、そんなことはないのではないか」といった具合に）。主張と理由がどのような論理によって結びついているかを丁寧に記述することによって、書き手と読み手がお互いの考えを十分に理解した上で議論することができるようになるのです。

◆ やってみよう
　次の図2に、「漢字の使用を続けるべきだ」という主張の理由と、その理由と主張を論理的に結びつけるための知識や情報を書き出してみましょう。理由の背後にある知識や情報を詳しく述べる練習ですから、<u>ここで挙げる理由は一つだけにします（理由が二つある場合は、下の図も二つ必要です）</u>。書き出した後は、書いた項目の順序を変えたり、重要なものを選び取ったりしながら、主張を論理的に伝えるために、どのような情報をどのような順に述べ

読み物＆表現

レポート作成

レポートを読み合う

ればよいか考えてみましょう。

問い：日本は今後も漢字の使用を続けるべきか。

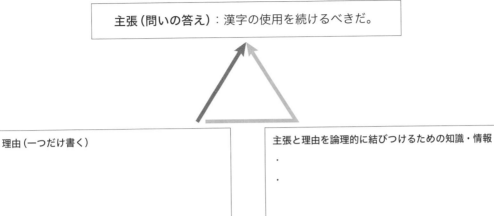

図2

3. 課題

　完成させた図2を基に、「漢字の使用を続けるべきだ」という主張とその根拠を述べる文章を作成してください（400〜600字）。 Model の第二段落を参考にして書きましょう。

　　課題作成用のワークシートを本書webサイトよりダウンロードできます。

適切な引用の仕方

> 目標：適切に引用できるようになる。

1. 適切な引用の仕方

　本書では、これまで少しずつ引用の仕方を学んできました。ここで一度整理をしてみましょう。

◆ 引用の種類

　引用とは、他人の文章の一部を自分の文章の中に入れることです。引用する際には、どこからどこまでが引用であるかを明示する必要があります。引用の方法は、次の図1の通り、大きくは直接引用と間接引用に分けられます。さらに、直接引用は、「　」に入れて引用する方法と、複数の文をまとめて引用するブロック引用に分けられ、全部で三つの方法があります。

```
                           ┌ A1.「　」に入れる
              ┌ A. 直接引用 ┤
              │            └ A2. ブロック引用
        引用 ┤
              │
              └ B. 間接引用
```

図1　引用の種類

　三つの引用の方法を順に確認していきましょう。以下の①〜④を読み、他の文章から引用された部分に下線を引いてください（括弧内の数字は例文が出てきた課を示す）。

A1.「　」に入れる（直接引用）

① 『日本大百科全書』によると、ストレオタイプとは、「特定の文化によってあらかじめ類型化され、社会的に共有された固定的な観念ないしイメージ」のことである。(1-1)

② ウォルシュ（2020）は、「「アルバイト」は「仕事」を表すドイツ語なので、仮に正しく発音されたとしてもほとんどの英語圏の人たちはその意味が分からないでしょう」と述べている。(4-1-1)

※引用した部分のページを示す場合は、以下のような書き方が用いられます。

　例：ウォルシュ（2020: 109）／ウォルシュ（2020: 109–110）

　　　ウォルシュ（2020, p.109）／ウォルシュ（2020, pp. 109–110）

A2. ブロック引用（直接引用）

　　引用することを明言し、前後に1行空けて、2字下げで引用する

　　※ブロック引用は、5-1-2で詳しく扱います。

③　外来語にどう対応すべきか

『日本語学』35（7）田中牧郎（2016）明治書院

　少し前のことだが、外来語（提訴では「外国語」とする）を使い過ぎていると、71歳の男性がNHKを提訴したという報道が、話題を呼んだ。産経新聞の記事（2013年6月27日）から引用すると、次の通りである。

　　　訴状では、NHKが番組内で「リスク」や「ケア」など、外国語を使わなくても表現できる言葉を多用しており、番組名にも「BSコンシェルジュ」「ほっとイブニング」など外国語を乱用していると主張。視聴者の大部分が理解できる言語で製作されておらず、憲法で保護された知る権利や幸福追求の権利を侵害しているという。また、「NHKは国家機関が関与する公共放送で、広範囲で視聴できるため影響力が強い」と指摘。

　この主張は、外来語が引き起こしている問題とそれへの対応はどうあるべきかについて、考えさせるものである。（4-1-2）

B. 間接引用

④　2020年10月3日付の『日本経済新聞』によると、警視庁や京都府警などは2日までに、ディープフェイクを使ってアダルトビデオを合成したとされる男3人を名誉毀損と著作権法違反の疑いで逮捕した。ディープフェイクとは、特定の人物の写真など膨大なデータをAIに読み込ませ本物のような動画を作る技術だという。（3-1-1）

◆　引用の目的

　　レポートに他者の文章を引用として取り入れる目的は何でしょうか。レポートでは、論証型であれ調査報告型であれ、検証可能な情報を一つ一つ丁寧に積み重ねていく必要があります。ですから、まず、レポートで取り上げようとしている出来事や情報が信頼できるものであるということを読み手に示す必要があり、ここで引用の必要性が生じます。また、主張（問いに対する答え）を論証していく際にも「こういうデータがあるから」「こういう事実があるから」「研究者Aがこのように述べているから」というように、引用が必要になります。このように、引用によって自分のレポートの内容が信頼できるものであり、問いに対する答えにはきちんと論拠があるのだということを示すことができるのです。

◆ 参考文献リストの役割

　引用をした場合は、引用した文献の一覧を「参考文献」または「引用文献」としてレポートの最後に載せます。引用した文献の一覧を示すことによって、レポートの読み手が、書き手の提示する情報とそれに基づく主張が十分に信頼できるものか確かめることができます。

　参考文献リストの役割として、藤田（2009）は、「著者の主張の信頼性や、新規性・独自性を明らかにすること」と、「読者に対する文献案内」の二つを挙げています。参考文献リストによって、著者の主張が事実や過去の研究に基づくものであることを示すことができ、また、レポートの読み手は、レポートのテーマについてさらに知るための情報を手に入れられるということです。

　なお、基本的に、参考文献にはレポートの本文で引用した文献のみを載せます。ただし、分野によって異なる場合があるので、引用していないが参照した文献も入れるか等、不明な点は、各授業の担当の先生に確認しましょう。

〈参考文献〉

藤田節子（2009）『レポート・論文作成のための引用・参考文献の書き方』日外アソシエーツ

◆ 参考文献リストの書き方

　参考文献リストの書き方は、分野によって様々ですが、本質は同じです。大事なことは次の2点です。

（1）引用個所と参考文献リストの文献を結ぶことができる。

（2）文献を探す際に必要な書誌情報を入れる。

（1）引用個所と参考文献リストを結ぶことができる

　引用個所と参考文献リストを結ぶことができるとはどういうことか確認しましょう。以下は、ある論文の一部と、その参考文献リストの一部です。下線部の論文を参考文献リストから探し、文献の左に番号を書き込んでください。

外来語と異文化受容―日本語で「マクドナルド」というのは恥ずかしい？―

『日本語学』35（7）堀切有紀子（2016）明治書院

3 「自分とは違うもの」に対する態度

　[1]箕浦（1995）は、異文化受容において、自分の基準としてきた意味世界と相容れない行為に遭遇すると、不快な情動が生起し、その解消に向けて何らかの行動が生じるとしている。自らと異なるものに接した際に違和感を抱くのは、ある程度一般的なことである。しかし、その異質性に対して、質が異なる、差異があると感じるだけで直ちに否定的になるのではなく、様々な条件や要因が加わり、差異あるもの

に序列・価値評価がつけられ、異質なものを価値の低いものとして認識することが、その後の否定的な判断や認識に結びつく。

（以下略）

新井郁夫（1995）「日本人の異文化接触とアイデンティティ」（『異文化間教育』9、37–51、アカデミア出版）

石野博史（1983）『現代外来語考』（大修館書店）

（中略）

箕浦康子（1995）「異文化接触の下でのアイデンティティ―理論枠組構築の試み―」（『異文化間教育』9、19–36、アカデミア出版）

第 4 課 言語

大学寮における短期留学生の学び

『異文化間教育』45　山川史（2017）異文化間教育学会

1. 研究背景と本研究の目的

　近年、グローバル化に伴い短期留学プログラムが増加し、日本の大学において短期留学生の受け入れが急速に広まってきている。一方で、日本人をグローバル人材として育成する場として、留学生と日本人学生が一緒に住む大学寮の設置が広がっている（[2]牧田，2013）。つまり、寮のあり方が単に寝泊りをする「生活の場」から多様な学びを育む「教育の場」へと大きく見直されている（[3]正宗，2015）。生活を共にする寮は授業とは異なる力を育成できる可能性があり（[4]望月，2013）、今後「教育の場」としての活用が期待されている。

（以下略）

内海博司（2015）「外国人留学生の宿舎支援と『共同の生』―留学生と日本人学生の交流は対等の立場で―」『留学交流』2015年9月号，https://www.jasso.go.jp/ryugaku/related/kouryu/2015/__icsFiles/afieldfile/2021/02/18/201509utsumihiroshi.pdf（2015年12月2日閲覧）.

大谷　尚（2011）「SCAT: Steps for Coding and Theorization―明示的手続きで着手しやすく小規模データに適用可能な質的データ分析手法―」『感性工学』10（3），155–160.

志村　恵（2015）「ハウスシェア型混住寮としての『先魁』」『留学交流』2015年9月号，https://www.jasso.go.jp/ryugaku/related/kouryu/2015/__icsFiles/afieldfile/2021/02/18/201509shimuramegumi.pdf（2015年12月2日閲覧）

日本経済新聞（2012）『寮生活，協調性磨く　就活にもプラス―異文化学び価値観広がる―』（2012年6月18日朝刊）https://www.nikkei.com/article/DGXDZO42681840W2A610C1TCP000/

牧田綾子（2013）「グローバル人材育成の場としての『国際寮』」『カレッジマネジメント』183号，リクルート進学総研．http://souken.shingakunet.com/college_m/2013_RCM183_06.

pdf（2015年12月12日閲覧）.

正宗鈴香（2015）「寮生活における留学生の異文化社会適応，人格形成，言語習得に関する事例研究―国際寮の教育的機能の可能性―」『麗澤大学紀要』98，63–72.

望月由紀（2013）「人材育成のしくみとしての学生寮の活用」『Between』2013年8–9月号，http://www.shinken-ad.co.jp/between/backnumber/pdf/2013_08_tokubetsu00.pdf（2015年2月2日閲覧）.

山下香澄・新留達也・飯田　捷・田中友章（2014）「東京都市圏の国際化推進大学を対象とした留学生寮の研究―留学生宿舎の建築計画と事業形態に関する研究（その1）―」『日本建築学会大会学術講演梗概集』，1081–1082.

Barab, S. A. & Duffy, T. M.（2000）"From Practice Fields to Communities of Practice." In Jonassen, D. H. & Land, S. M.（eds.）, *Theoretical Foundations of Learning Environments*, Mahwah, New Jersey: Lawrence Erlbaum, 25–56.

Bryman, A.（2016）*Social Research Method*, Oxford: Oxford University Press.

（以下略）

（2）文献を探す際に必要な書誌情報を入れる

　書誌情報を書く順番や、句読点の打ち方などは分野によって様々ですが、基本的に記載する内容は大きく変わりません。文献は、日本語の場合は、50音順に記載するのが一般的です。外国語の文献が含まれる場合は、言語ごとに分けて記載するか、分けずにアルファベット順に記載します。

〈1〉書籍（和書）

著者名（刊行年）『書籍名』出版者

・単著

　例：樋口範夫（2008）『続・医療と法を考える―終末期医療ガイドライン』有斐閣

・共著

　例：竹中平蔵・原英史（2020）『日本の宿題―令和時代に解決すべき17のテーマ』東京書籍

〈2〉書籍（翻訳本）

著者名　翻訳者名（刊行年）『書籍名』出版者

　例：スタンロー，ジェームズ著　吉田正紀・加藤将史訳（2010）『和製英語と日本人―言語・文化接触のダイナミズム』新泉社

〈3〉論文

著者名（刊行年）「論文名」『雑誌名』巻（号）　出版者　ページ

　例：塩出雄大（2018）「学歴と日本語意識」『日本語の研究』14（2）日本語学会 pp.51–67

※書籍でも章ごとに著者が記されている場合は、論文に準じます。

例：大江朋子（2018）「第1章ステレオタイプと社会的アイデンティティ」北村英哉・唐沢穣編『偏見や差別はなぜ起こる？―心理メカニズムの解明と現象の分析』ちとせプレス pp.3–19

〈4〉ウェブサイト

著者名「webページのタイトル」webサイトの名称　URL（参照日）

　例：文部科学省「小中一貫教育の導入状況調査について」文部科学省ホームページ
　　　https://www.mext.go.jp/a_menu/shotou/ikkan/1395183.htm （2022.6.29参照）

〈5〉新聞

日付「みだし」『新聞名』朝夕刊の別

　例：2020年11月26日「日本語学習、正式単位に、外国籍の高校生、教育充実、23年度にも、文科省、指導方法の要件検討。」『日本経済新聞』朝刊

※分野によって、新聞は書誌情報の一部を本文中に記載し、参考文献リストには載せない場合があります。

〈6〉新聞の署名記事

著者名「みだし」日付『新聞名』朝夕刊の別

　例：遠藤美波「（ラウンジ）日本語教育、行き渡らぬ支援　増える指導必要な生徒、道内は散在」2019年12月16日『朝日新聞』朝刊

〈7〉外国語の文献

英語以外の言語の場合、原語の情報を載せ、日本語訳を付す。

　例：통계청「2021년 3월 국내인구이동 결과」통계청홈페이지
　　　［統計庁「2021年3月国内人口移動結果」統計庁ホームページ］
　　　https://kostat.go.kr/portal/korea/kor_nw/1/1/index.board?bmode=read&bSeq=&aSeq=389303&pageNo=1&rowNum=10&navCount=10&currPg=&searchInfo=&sTarget=title&sTxt=（2021.5.8参照）

◆ 引用の練習

① 以下に、書籍の奥付が二つ、論文の書誌情報（CiNiiの画面の一部、CiNiiについては8-2-1を参照）が一つあります。これらを用いて参考文献リストを作成してください。リストは著者名の50音順に並べてください。出版社の「株式会社」は省略するのが一般的です。

デ ー タ で 読 む　教育の論点

2017 年 8 月 10 日　初版

著　者　　舞田敏彦

発行者　　株式会社晶文社

　　　　　東京都千代田区神田神保町 1-11 〒101-0051

電　話　　03-3518-4940（代表）・4942（編集）

Ｕ Ｒ Ｌ　　http://www.shobunsha.co.jp

印刷・製本　中央精版印刷株式会社

© Toshihiko MAITA 2017

ISBN978-4-7949-7032-9 Printed in Japan

世界の言語と
日 本 語

1991 年 5 月 25 日　第 1 刷発行
2005 年 4 月 10 日　第 9 刷発行

著者　　角田 太作

版元　　くろしお出版
　　　　〒112-0002
　　　　東京都文京区小石川3-16-5
TEL　03-5684-3389
FAX　03-5684-4762

装丁　　砂川博茂（CREART）
組版　　壮光社
印刷　　モリモト印刷

©Tasaku Tsunoda, 1991 Tokyo
ISBN 4-87424-054-2 C3081
無断コピーお断り

現代日本語の形容詞分類について：様態のソウダを用いて

村上 佳恵 日本語文法 / 日本語文法学会 編 12 (1), 20-36, 2012-03

〈参考文献〉

_____

_____

_____

読み物＆表現

レポート作成

レポートを読み合う

② 次の二つの新聞記事を読み、内容を引用して下の要約文を完成させてください。そして、参考文献として、二つの新聞記事の書誌情報を書いてください（以下で作成する文章は、レポートの「はじめに」の部分になることを想定したものです）。

提訴：「NHK、外国語多すぎ」　精神的苦痛、慰謝料求め名古屋地裁に

『毎日新聞』2013.06.26（東京夕刊）

　　NHKの放送番組で外国語が乱用され、内容を理解できずに精神的苦痛を受けたとして「日本語を大切にする会」の世話人、高橋鵬二さん（71）＝岐阜県可児市＝がNHKに141万円の慰謝料を求める訴えを名古屋地裁に起こした。提訴は25日付。

　　訴状によると、NHKでは報道、娯楽番組を問わず、番組内で「リスク」「トラブル」「ケア」などの外国語が多用されているだけでなく「BSコンシェルジュ」などと番組名にも用いられていると指摘。日本語で容易に表現できる場合でも使われているとし、公共性が強いNHKが日本語を軽視するような姿勢に強い疑問があるとしている。NHKは「訴状の内容を確認していないのでコメントを差し控える」としている。

　　高橋さんは取材に「質問状を提出したのに回答がなかったので、訴訟に踏み切った。NHKだけの問題ではないが、公共放送は特に影響力が強い。年配者にも分かるような放送をしてほしい」と話している。請求額は民事訴訟法で、地裁で扱える額が140万円を超える額と規定されていることに基づき決めたという。

外国語乱用訴訟：原告の請求棄却　NHKの主張認める

『毎日新聞』2014.06.13（中部朝刊）

　　NHKの番組で外国語が乱用され、精神的苦痛を負ったとして岐阜県可児市の「日本語を大切にする会」世話人、高橋鵬二さん（72）がNHKに慰謝料141万円を求めた訴訟で、名古屋地裁（斎藤清文裁判長）は12日、「番組で外国語を使用しても、原告の権利を侵害しているとはいえない」と請求を棄却した。

　　高橋さんは、NHKの番組で「リスク」など日本語で言い換えられる外国語が使われて困惑し、人格権を侵害されたと主張。NHKは、公共放送として事実上、視聴を強制していると訴えていた。

　　判決理由で、斎藤裁判長は「使われた言葉に不快感を抱くかどうかは視聴者の主観的な価値判断によるものが大きく、個別事情に配慮を求めることは編集の自由を妨げかねない」と付言した。

　　NHKは「主張が認められ、妥当な判決だ」とコメントしている。

はじめに

　日本では、外来語の使用をめぐって様々な議論が続いている。過去には、ある男性が外来語を使いすぎているとしてNHKを提訴するという出来事があった。2013年6月26日付の『毎日新聞』によると、岐阜県在住の71歳の男性がa.

＿＿＿＿＿としてNHKに141万円の支払いを求める訴えを名古屋地裁に起こした。そして、b.＿＿＿＿＿＿＿＿＿＿＿＿＿＿＿＿＿によれば、名古屋地裁は、「番組で外国語を使用しても、原告の権利を侵害しているとはいえない」とc.＿＿＿＿＿＿＿＿＿＿＿＿＿＿＿。このように提訴までするというのは極端な例であるとしても、外来語を使いすぎていると感じている人は一定数存在する。はたして、外来語の使用に関する何らかの規制が必要なのだろうか。

〈参考文献〉

＿＿＿＿＿＿＿＿＿＿＿＿＿＿＿＿＿＿＿＿＿＿＿＿＿＿＿＿＿＿＿

＿＿＿＿＿＿＿＿＿＿＿＿＿＿＿＿＿＿＿＿＿＿＿＿＿＿＿＿＿＿＿

③　次の書籍を引用して、外来語の定義と、外来語の役割を述べてください。そして、次の奥付を見て、〈参考文献〉に書籍の書誌情報を記載してください。

第2章　語の分類
第3節　出自による分類

4　外来語

　外来語は外国語から日本語に入ってきた語である。漢語も中国から入ってきた語であるから、外来語の一種ではあるが、漢字は日本語の中では文字表記にも用いられていて重要な位置を占めている。したがって、漢語は別に扱うのが普通である。

　日本語は古くから固有語以外の単語を使用してきた。朝鮮語から「コホリ（郡）」「ミソ（味噌）」など、アイヌ語から「サケ（鮭）」「エゾ（蝦夷）」、サンスクリット語から「カワラ（瓦）」などを移入した。ただ、狭義での外来語は16世紀中葉以降、主として西洋から移入してきた言葉をいう。

　　例　パン（ポルトガル語から）

　　　　ビール（オランダ語から）

　　　　スポーツ（英語から）

　　　　ビフテキ（フランス語から）

アルバイト（ドイツ語から）

第6章　ことばの変遷
第4節　外来語の変遷

3　外来語の役割

　外来語の使用には賛否両論があるが、言語文化の視点から次のような役割が指摘できる。

(1) 外国文化の享受…外来の事物が社会を便利にし、文化や学問などを発達させる。

(2) 新たな概念の素早い導入…学術語・専門語の分野を中心に経済や生産などの向上に寄与する。

(3) 斬新な感じ…よいイメージが付与される。例 ニット（編み物）、プロジェクト（企画）

(4) 婉曲表現…従来の語の言い換えに用いられる。例 マッサージ（按摩）、インナー（下着）

図解日本の語彙

2011年 9 月10日　第1刷発行
2018年 9 月30日　第2刷発行

著　者：沖森卓也、木村義之、田中牧郎、陳力衛、前田直子
発行者：株式会社三省堂　代表者　北口克彦
印刷者：三省堂印刷株式会社
発行所：株式会社三省堂
　　　　〒101-8371
　　　　東京都千代田区神田三崎町二丁目22番14号
　　　　電話　編集(03)3230-9411　営業(03)3230-9412
　　　　http://www.sanseido.co.jp/

※著者が3名以上の場合、本文では最初の著者の姓のみを記載し、「○○他」と表記します。ただし、参考文献リストでは、全ての著者の名前を記載します。

沖森他（2011）によれば、外来語とは、_____

　_____

　_____

　_____

〈参考文献〉

　_____

　_____

4-2-2 レポート作成の階段⑤ 論証型レポートの書き方

目標：論証型のレポートが書けるようになる

1. 論証型レポートの書き方

◆ 論証型レポートの基本的な構成

「レポートの基本的な構成」と聞くと、「序論」「本論」「結論」を思い浮かべる人が多いのではないでしょうか。本書では、「はじめに」「本論」「結び」という用語を用いて、レポートの基本的な構成を説明します。特に「結び」という用語を用いるのは、「結論」という用語を使ったためにレポートの結論、すなわち、レポートで最も重要な部分である問いに対する答えが文章の最後に来るという事態を防ぎたいからです。問いに対する答えと論証は、いずれも本論に入れるようにしましょう。本論の書き方には、答えを先に述べてから論証を示す書き方と、論証から答えを導く書き方があります。以下の表1を見て、論証型レポートの基本的な構成を確認してください。

表1　論証型レポートの基本的な構成

はじめに	背景説明 問題提起の文 目標規定文	
本論	問いに対する答え 論証1 論証2	論証1 論証2 問いに対する答え
結び	まとめ （評価と展望） ※評価と展望は7-2で扱います。	

◆ 論証型レポートのサンプル

4-1-2の Model では、漢字の廃止を主張する文章を読みました。ここでは、それを基にして、論証型レポートのサンプルを見ていきましょう。ここでは、問いに対する答えを先に述べる書き方を用いています。サンプルは、レポートの基本的な構成のみを示したものです。実際には、レポートの長さや必要に応じて、背景説明で述べたことを本論でもう一度詳しく述べたり、論証の後に予想される反論と反駁を入れたり、他に必要なことを追加したりしてレポートを作成します。下のサンプルの右側には、レポート作成時のポイントが書いてあります。

漢字の使用の是非
―漢字の廃止が社会に与える影響―

○○学部○○学科

学生番号　　多摩　花子

1. はじめに

　現在、日本語の表記には、ひらがな、カタカナ、漢字の3種類の文字が用いられている。そのうち、漢字については、廃止すべきであるという主張がある。例えば、田中（2011）は、日本語を学ぶ外国人にとって、漢字がその習得に立ちはだかる大きな壁となっていると述べている。特に、看護師や介護士の資格試験が日本語で実施されていることを指摘し、漢字が日本での医療活動に参加しようという海外の若者を追い払っているとしている。はたして、日本は今後も漢字の使用を続けるべきなのだろうか。このレポートでは、（a.漢字の使用の是非）について論じる。（b.漢字の廃止が社会に与える影響）を考察し、（c.漢字を廃止すべきである）と主張する。

2. 漢字の使用の是非をめぐって

　漢字は廃止すべきである。なぜならば、漢字の廃止が、日本を外国人の暮らしやすい社会にすることにつながり、それが日本社会に利益をもたらすからだ。現在、日本は少子高齢化の一途をたどっており、介護や農業など、外国人の労働力がなければ維持できない産業や業種が多数存在する。このような状況で、外国人が日本で働こうとすれば、多くの場合、仕事上でも生活上でも日本語が必須となる。しかし、田中（2011）が述べているように、現状では漢字が日本語学習者、特に非漢字圏出身の学習者にとって大きな障壁となっている。漢字を廃止すれば、日本語学習における負担を大幅に軽減することができる。日本語の習得が容易になれば、日本での生活も仕事も容易になり、外国人が日本に定着する可能性も高くなる。漢字の廃止が日本社会を支える人口の増加につながり、国全体に利益をもたらし得るのである。したがって、漢字を廃止し日本語を誰にとっても使いやすい言語にしていく必要があると言える。

はじめに
🔖 背景説明

　レポートの書き手は、レポートのテーマについて資料を読み長時間考えています。しかし、読み手がそのテーマについて書き手と同じ程度の知識や情報を持っているとは限りません。背景説明では、書き手の問題提起と主張を読み手が適切に理解できるように、レポートで取り上げるテーマについて説明をします。

🔖 問題提起の文（レポートの問い）
🔖 目標規定文

　さまざまな書き方がありますが、本書では以下の3つを述べる書き方を採用します[1]。

　a. レポートのテーマ
　b. 考察の観点
　c. 問いに対する答え

本論
🔖 問いに対する答え
🔖 論証

　本論では、4-1-2で学んだように「なぜ、その答えであるのか」を丁寧に述べます。

---

[1] 「目標規定文」は、木下（1981）の用語である。また、本書の目標規定文の型は、大島他（2014）に倣ったものである（書誌情報は巻末の参考文献を参照のこと）。

3. 終わりに

以上、(a.漢字の使用の是非)について考察を行った。(b.漢字の廃止による日本語学習の負担の軽減が、外国人の日本への定着率の上昇につながり、少子高齢化が進む日本社会に良い影響をもたらすと考えられる)ことから、(c.漢字を廃止すべきである)と結論付けた。

〈参考文献〉

田中克彦（2011）『漢字が日本語をほろぼす』角川マーケティング

結び

🖐 まとめ

「まとめ」では、本論で述べたことをもう一度簡潔に書きます。「まとめ」で新しいことを述べないように気をつけましょう。「まとめ」を、「はじめに」で示した目標規定文と対応させることで、首尾一貫性したレポートを書くことができます。目標規定文のa.b.cと結びのa.b.cを比べてみましょう。

◆ **目標規定文と結び（まとめ）を書いてみよう**

上の論証型レポートのサンプルで見たように、目標規定文と結びを対応させることによって、首尾一貫したレポートを書くことができます。では、上のサンプルを参考に、目標規定文と結びを書く練習をしましょう。以下は、ウィキペディアの適切な利用法について述べたレポートのアウトラインです。本論の部分を読み、目標規定文と結びを完成させてください。

タイトル	ウィキペディアの適切な利用法
はじめに	背景説明 ・ウィキペディアとはどのようなものか：無料のオンラインの百科事典 ・ウィキペディアをめぐる問題：編集合戦（引用）➡信頼性の問題 問題提起 　ウィキペディアとどのように付き合っていけばいいのか 目標規定文 　本レポートでは、(a.　　　　　　　　　　　　　　　　　　)について論じる。(b.　　　　　　　　　　　　　　　　　)を考察し(c.　　　　　　　　　　　　　　　　　　　　　)という結論を導く。
本論	・ウィキペディアの長所 　－　誰でも無料で使える 　－　項目が多い ・ウィキペディアの短所 　－　信頼性に問題がある ・どのように付き合っていくべきか 　－　ウィキペディアの情報に依存せず、複数の情報源からの情報を用いる。 　－　ウィキペディアを使用する場合は、情報への入り口として利用し、必要な情報は他の文献などで確認する。

| 結び | 以上、(a.　　　　　　　　　　　　　　　　　) について考察を行った。
(b.
　　　　　　) ことから、(c.
　　　　　　　　　　　　　　　　　　　　) と結論付けた。 |

---

2. レポートを書いてみよう

　4-1-1 と 4-1-2 では「外来語」についてのエッセイと論文の一部を読み、4-1-2 では漢字の使用についての文章を書きました。今回は「言語」をテーマにした論証型のレポートを書いてみましょう（1,200〜1,600字）。レポートには<u>一か所以上引用を入れるようにしてください</u>。4-2-1 の資料など、本書の読み物や資料を引用してもかまいません。

◆ 話し合ってみよう

　「言語」に関連して、どのような問いを立てることができますか。まず、いくつか書き出してみて、クラスの人と共有しましょう。

〈メモ〉

◆ 書いてみよう

❶ 問いを決め、内容を考える

　問いを決めてから、問いに対する答えと、それをどのように論証するかを考えてみましょう。理由が二つある場合は、下の図も二つ必要です。

問い：＿＿＿＿＿＿＿＿＿＿＿＿＿＿＿＿＿＿＿＿＿＿＿＿＿＿＿＿＿＿＿＿＿＿＿＿＿＿

主張（問いに対する答え）：

理由	主張と理由を論理的に結びつけるための知識・情報 ・ ・

❷ タイトルを付ける

❶で決めた問いを基にして、レポートのタイトルを付けてみましょう。

タイトル：

❸ アウトラインを作成する

　アウトラインは本論から作成すると書きやすいです。「はじめに」と「結び」は本論の内容が決まったら、それを基にして作成します。まず、下の❹の〈確認表〉を見て、どのような内容のレポートが求められているか、確認してください。

	・背景説明 ・問題提起 ・目標規定文 本レポートでは、（a.　　　　　　　　　　　　　）について 論じる。（b.　　　　　　　　　　　　　　　　　） を考察し、（c.　　　　　　　　　　　　　　　） という結論を導く。
はじめに	

第4課　言語

101

本論	・
結び	以上、（a.　　　　　　　　　　　　　　　　　　　）について考察を行った。 （b.　　　　　　　　　　　　　　　　　　　　）ことから （c.　　　　　　　　　　　　　　　　　　　　　　　　） と結論付けた。

❹ レポートの作成

　作成したアウトラインを基にレポートを作成してください。書き終えたら、〈確認表〉の「自己評価」の欄を記入してください。

⬇ レポート作成用のワークシートを本書webサイトよりダウンロードできます。

〈確認表〉　よくできた◎　できた〇　もう少し△　残念×

		項目	自己評価	記入者氏名		
はじめに	1	問題提起の背景が丁寧に説明してある。				
	2	問題提起の文（レポートの問い）がある。				
	3	目標規定文がある。				
本論	4	問いに対する明確な答えがある。				
	5	なぜその答えなのかが丁寧に説明してある。				
結び	6	「まとめ」が目標規定文と対応している。				
引用	7	一か所以上引用があり、最後に参考文献が記載されている。				
	8	引用箇所を参考文献リストと結ぶことができる。				
タイトル	9	本文の内容に合った適切なタイトルが付けてある。				

4-3　レポートを読み合う

> 目標：1. どこをどう修正するとよいか、具体的なコメントをする。
>
> 　　　2. もらったコメントを参考に、レポートを修正する。

　4-2-2では、「言語」について問いを立ててレポートを書きました。今回も、クラスの人と
レポートを読み合い、コメントを述べ合いましょう。今回は、具体的な修正案を提案してみ
ましょう。活動の後で、もらったコメントを基にして自分のレポートを修正し、より良いレ
ポートを目指します。

◆ サンプルのレポートを読み修正案を考えてみる

　今回は、レポートのサンプルを読み、良い点と改善が必要な点をグループで話し合ってみ
ましょう。

❶　各自、以下のレポートを読み、下の〈確認表〉を記入してください。△や×の場合は、
　改善が必要な点をメモしておいてください。

❷　グループで、〈確認表〉の項目に沿って話し合ってください。良い点と修正したほうが
　よい点を出してみましょう。修正したほうがよい点については、具体的にどこをどう修
　正するか話し合ってください。一つの正しい答えがあるわけではありません。話し合い
　を通じて様々な意見に触れてみましょう。

❸　〈確認表〉の項目以外についても、感じたことや気になったことを話し合ってください。

日本語の外来語は英語学習の妨げになりますか

○○学部○○学科

学生番号　多摩　花子

1. はじめに

　Wikipediaによれば、外来語とは、「日本語における借用語のうち、漢語とそれ以
前の借用語を除いたもの」で、「おもに西洋諸言語からの借用」である。外来語は、
新聞でもニュースでも日常会話でも使われている。「プログラム」「グローバル」「ス
タッフ」「オピニオン」など、いくらでも挙げることができる。外来語の多用は、
意味がわからないことによって意思疎通の障害になるほかに、外国語学習の妨げに
なると言われている。外来語は、外国語学習の妨げになるのだろうか。本レポート

では、外来語が英語の学習に与える影響について論じる。和製外来語および外来語と英語のずれが英語学習の際にどのような影響を与えるかを考察し、外来語が英語学習の妨げになるという結論を導く。

2. 外来語は英語学習の妨げになるか

　外来語は、日本語母語話者にとって、英語学習の妨げになるのでしょうか。日本語の外来語の存在は、英語学習の妨げになると思われる。そう考える理由は3点ある。和製外来語の存在、意味のずれ、発音のずれの3点である。和製外来語から見ていこう。

　和製外来語とは、『デジタル大辞泉』によれば、「日本で英語の単語をつなぎ合わせたり変形させたりして、英語らしく作った語」である。同辞書では、「ゴールイン」「スキンシップ」「バックミラー」などが例として挙げられている。

　意味のずれについては、『日本大百科全書』の「外来語」の項に「家具などのカバーは日本語でも英語でも共通だが、英語で本のcoverは表紙を意味するのに対し、日本語のカバーは表紙を覆うもの（英語ではjacket, wrapper）をいう」という例が挙げられている。英語のcoverより先に日本語のカバーを覚えてしまうと、英語のcoverに出会った時に、「この単語は知っている」と思ってしまい、日本語のカバーの意味で英語のcoverを理解してしまう可能性があります。つまり、外来語と英語の意味のずれは、英語学習の妨げになると考えられるのである。

　発音のずれについても、『日本大百科全書』の「外来語」で外来語が日本語化する時に、発音が日本語化され外国語での発音上の区別が失われることがあると述べられている。例として、right（右）とlight（照明）はともにライトになることが挙げられている。つまり、英語では別々の単語が日本語では一つの単語になってしまうのである。rightとlightを外来語として取り入れて覚えてしまうと、英語を話す際にも、どちらも日本語の発音で「ライト」と言ってしまい、英語として意味が通じなくなる恐れがある。このような外国語との音のずれは、決して少なくないだ。court（法廷、テニスなどのコート）、coat（寒いときに着る外套）は、英語では別の発音であるが、日本語の外来語ではどちらも「コート」である。このような外来語は、英語を発音する際に日本の外来語の音で発音してしまうだけでなく、聞き取りにも悪影響を及ぼす。上記の二つの単語のどちらを聞いても「コート」に聞こえてしまうので、どの語が発音されたかわからないのである。このように、外来語と英語の発音のずれは、日本語母語話者が英語を学習する際に、意味を誤解したり、発音や聞き取りを困難にしたりするなどの悪影響をもたらすと言える。

3. むすび

　以上、外来語が英語学習に悪影響を与えるかについて考察を行った。英語の発音

と日本語の発音のずれが原因で英語を正確に発音できず意思疎通と聞き取りの障害になることから、外来語は英語学習の妨げになると結論付けた。でも、実は、これは、外来語の問題ではなく英語教育の問題である可能性もあるだろう。

〈参考文献〉

「外来語」『日本大百科全書（ニッポニカ）』Japan Knowledge
　　https://japanknowledge.com（2021.8.28参照）
「わせい‐えいご【和製英語】」『デジタル大辞泉』Japan Knowledge
　　https://japanknowledge.com（2021.8.28参照）

〈確認表〉　よくできた◎　できた〇　もう少し△　残念×

		項目	評価	メモ
は じ め に	1	問題提起の背景が丁寧に説明してある。		
	2	問題提起の文（レポートの問い）がある。		
	3	目標規定文がある。		
本論	4	問いに対する明確な答えがある。		
	5	なぜその答えなのかが丁寧に説明してある。		
結び	6	「まとめ」が目標規定文と対応している。		
引用	7	一か所以上引用があり、最後に参考文献が記載されている。		
	8	引用箇所を参考文献リストと結ぶことができる。		
タイトル	9	本文の内容に合った適切なタイトルが付けてある。		

◆ **コメントを述べ合い、レポートを修正する**

❶ **コメントの準備**

　クラスの人のレポートを読んで、コメントを準備しましょう。レポートを読み、〈確認表〉に記入します。この際、◎を記入した場合はどこがよかったのか、△を記入した場合はなぜ△なのか、メモを残しておきます。〈確認表〉にないことでも、書き手に伝えたいことがあれば、それもメモしておいてください。メモは自分のためのものです。

〈メモ〉

❷ コメントを述べ合う

・まず、グループで司会者を決めてください。

・司会者は、〈確認表〉の項目に沿って話し合いを進めてください。〈確認表〉の項目が多いので「はじめに」についてのコメント、次に「本論」についてのコメント、というふうに進めていきましょう。最後に、自由に意見や感想を述べる時間も取りましょう。

・グループのメンバーは、司会者の指示にしたがって、順番にコメントを一つずつ、述べてください。レポートの書き手や、グループの人は、コメントに対して質問があれば、質問しましょう。

❸ レポートの修正

　クラスの人からもらったコメントを基に、自分のレポートを修正してみましょう。質問があったところに説明を加えるなどして、より分かりやすいレポートを目指しましょう。

第 **5** 課

外国につながる
児童生徒

読み物1＆表現

読む前に
- あなたの国で外国人が多く住んでいるのは、どのような地域ですか。
- 親の都合によって日本で生活することになった児童には、どんな困難が待ち受けているでしょうか。

1. 読み物

（ラウンジ）日本語教育、行き渡らぬ支援
増える指導必要な生徒、道内は散在／北海道

『朝日新聞』遠藤美波　2019.12.16（朝刊）

　在留外国人の増加に伴い、日本語指導が必要な小中学生が道内で増えている。文科省の調査によると昨年度は164人で、6年間で倍増した。だが、北海道は外国人が各地に散らばる「散在地域」。予算も人員も限られ、支援はボランティアや担任教師らが担っているのが現状だ。

　■ 来日時「あいさつしか」　札幌・中3

「『あけぼの』ってどういう意味か分かる？」

　日本語ボランティアの谷光さん（76）が質問すると、音読していたモンゴル国籍の中学3年の女子生徒は教科書から顔を上げた。「明け方っていう意味だよ。日の出はモンゴルで見たことある？」「ある。草原で見ました」。女子生徒が笑顔で答える。

　札幌市東区の公立中学で行われる、日本語の個別指導の風景だ。この学校では女子生徒のため、教室での普段のサポートに加えて、一部の授業時間に空き教室を使って行う「取り出し授業」を行っている。この取り出し授業を指導協力者として担うのが、ボランティアの谷さんだ。

　中1で来日した女子生徒は、その年の5月から谷さんの指導を受けている。女子生徒は来日当初、あいさつ程度の日本語しか分からなかった。入学して最初の学力テストでは、英語と数学以外ほとんど点数が取れなかった。「すごくショックだった。モンゴルに帰りたいと思った」

　谷さんとの授業はマンツーマンで何でも聞けた。テスト前には音楽や技術も含め、筆記試験がある全教科の補習をした。市教委が定めている教育支援事業の要綱では、帰国・来日直後を除き、指導は原則週2回。女子生徒は自宅でも毎日5時間勉強したり、友人や先生との会話の中で日常会話が身についたりして、だんだん授業についていけるようになった。

今年は高校受験を控えるが、中1のときの成績が受験にも影響する。今は外交官を目指して前向きに勉強に励んでいる。「日本語が分からなかった頃は友達とも先生ともあまり話せなかった。日本文化についても教えてくれて、谷さんのおかげでここまで成長できた」と話す。

■ボランティア頼みに「限界」

こうした指導を全ての子どもたちが受けられる訳ではない。文科省の調査によると、全国の日本語指導が必要な生徒のうち、外国籍生徒の約21％が補習など特別な指導を受けていない。支援は自治体によって異なり、予算も人員も限られると手薄になりがちだ。

札幌市では、谷さんが代表をつとめるボランティア団体「札幌子ども日本語クラブ」の協力を受け、市教委の事業として、要請があった学校に日本語指導の有償ボランティアを派遣している。ボランティアは主婦や退職した教員など約30人。昨年度は、外国にルーツのある生徒75人を指導した。

市からの謝金は指導1回につき千円（交通費なし）だ。支援を求める生徒は市内の広範囲にいるが、自宅から遠い学校には通えないボランティアも多く、全てのニーズに応えられないという。谷さんは「ボランティアが担う今の体制には限界がある。将来的には専門知識のある日本語教師を自治体が採用するなど、抜本的な改革が必要だ」と訴える。

ノウハウのあるボランティアすらいない自治体も多い。道では日本語指導が必要な生徒が学校に4人以上在籍するか、2カ国語以上の対応が必要な場合、教師1人を加配できる。だが、今年度は申請があった十数校のうち、追加配置できたのは9校。その上、加配教員が日本語教育について体系的に学んでいるとは限らないという。

道教委は日本語指導の手引きを作ったり、年に1回の研修会を行ったりして、日本語指導に臨む教師を支援する。道教委の担当者は「指導が必要な生徒の数が少なく、短期間で帰る生徒が多いことも事実。自治体内に多くの外国人が住む集住地域とは違った状況に対応できるようにしたい」と話す。

■体制強化、取り組みも

散在地域での日本語指導をどう考えればいいのか。道教大函館校の藤巻秀樹教授（多文化共生論）は「今後の外国人人口の増加に備え、今から日本語教育の体制強化に取り組む必要がある。道内でも議論を始めるべきだ」と訴える。

全国的に、積極的に取り組む自治体は増えている。大分県教委は今年9月から、大学講師やボランティア経験者など、日本語教育のノウハウを持った8人を専任の「日本語指導員」として、学校に直接派遣している。県教委によると、日本語指導には高度な技術が必要という前提のもと、1時間につき県立学校の非常勤講師と同じ額の謝金が支払われる。

大分県で日本語指導が必要な小中高校生は66人。散在地域だが、県が外国人児

童生徒の教育環境の充実を政策に掲げたことを受けて、県教委も今年度から本格的に取り組み始めたという。

　藤巻教授は「まずは教育委員会が主導して真剣にこの問題に取り組むことが大切」と話す。その上で「教委を本気にさせるには、外国籍の子どもの小中学校教育を義務化することが必要だ。『日本語』の教員免許を新設することも検討課題。外国人児童の教育に熱意を持つ若者が教員になる道が開け、日本語教員の質向上にもつながる」と指摘する。

◆ 内容確認

　本文を読んで、以下の質問に答えてください。

(1) 北海道における外国人児童への日本語教育がボランティアの協力によって支えられている理由は何ですか。

(2) 読み物の中学生の女子生徒が高校受験をする上で直面する可能性のある困難点は何ですか。

(3) 「札幌子ども日本語クラブ」は、どのような課題を抱えていますか。

(4) 道教大函館校の藤巻教授が日本語教育の体制強化のために提案している具体的な方法は何ですか。

◆ 話し合い

(1) 日本語指導が必要な児童に対する日本語教育をボランティアの人が担当することのメリットには、どのようなことがあるでしょうか。また、デメリットにはどのようなものがありますか。

(2) 日本語指導が必要な児童への日本語教育支援を充実させるために、誰がどのようなことに取り組んでいくことが必要だと思いますか。国、自治体、教育機関、地域社会など、様々なレベルで考えてみましょう。

2. 表現と練習

目標：図表を説明する。

◆ Model　表現に注目して読んでみよう

　日本に居住する外国人の増加に伴い、日本語指導が必要な児童生徒が増えている。文部科学省の『日本語指導が必要な児童生徒の受入状況等に関する調査結果について』を見てみよう。この調査は、公立小・中・高等学校等における日本語指導が必要な児童生徒の受入状況等について、2021年5月1日を基準日として行った調査である。この調査における「日本語指導が必要な児童生徒」とは「日本語で日常会話が十分にできない児童生徒、もしくは、日常会話ができても学年相当の学習言語が不足し、学習活動への参加に支障が生じている児童生徒」である。

　図1は、日本語指導が必要な児童生徒数の推移を示したものである。外国籍の児童生徒と日本国籍の児童生徒の計を見てみると、2008年から2014年までは、30,000人台で推移していたが、2016年には40,000人、2018年には50,000人に達し、2021年には、58,000人に上っている。以上のデータより、日本語指導が必要な生徒児童の数が大幅に増加していることがわかる。

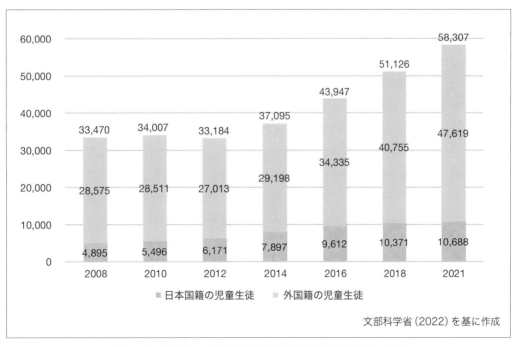

文部科学省（2022）を基に作成

図1　公立学校における日本語指導が必要な児童生徒数の推移

〈参考文献〉

文部科学省（2022）『日本語指導が必要な児童生徒の受入状況等に関する調査結果について』文部科学
　省ホームページ
　　https://www.mext.go.jp/content/20221017-mxt_kyokoku-000025305_02.pdf（2023.3.30参照）

◆ 構成

何の図表であるかを述べる。データを説明する。判明事項（データからわかること）を述べる。

◆ 表現

表現1　何の図表であるかを述べる。

　　図〇 / 表〇 は、 名詞句 を示したものである。

[Model]　図1は、日本語指導が必要な児童生徒数の推移を示したものである。

［例1］　　表〇は、学年別の外国人留学生数の割合を示したものである。

練習

　下線部に適切な表現を入れて、文を完成させてください。

①　　図〇a.＿＿＿　、2019年度にA大学が受け入れた交換留学生の出身地域別の人数をb.＿＿＿＿

　　＿＿＿＿＿＿＿＿＿＿＿＿＿＿＿＿。

　（　）を名詞句にして文を完成させてください。答えは複数考えられます。

例：図〇は、（A社が各月に販売した電気自動車は何台か→A社の月別の電気自動車の販売
　　台数）を示したものである。

②　　図〇は、（大学進学率がどのように推移したか→　　　　　　　　　　　　　　　　　）
　　を示したものである。

③　　表〇は、（各都道府県で1年間に餃子がどのくらい消費されているか→

　　　　　　　　　　　　　　　　　　　　　　　　　）を示したものである。

④　　図〇は、（A大学においてどの国からの留学生が何パーセントであるか→

　　　　　　　　　　　　　　　　　　　　　　　　　）を示したものである。

⑤　　図〇は、（ITエンジニアが業務上、どのような原因でストレスを感じているか→

　　　　　　　　　　　　　　　　　　　　　　　　　）を示したものである。

表現2　データを説明する。

　（1）（ 名詞句 を見てみると、） 数値 　に　 Vて 　いる。
　　　　　　　　　　　　　　　　　　　を　 Vて 　いる。
　　　　　　　　　　　　　　　　　　　となっている。
　　　　　　　　　　　　　　　　　　　である。

Model 外国籍の児童生徒と日本国籍の児童生徒の計を見てみると、2008年から2014年までは、30,000人台で推移していたが、2016年には40,000人、2018年には50,000人に達し、2021年には、58,000人に上っている。

［例2］ 2021年のデータでは、日本語指導が必要な児童生徒58,307人のうち、外国籍の児童生徒が47,619人、日本国籍の児童生徒が10,688人となっている。

(2) 具体的な数値 と、 ～ 。

※「具体的な数値と」の「と」は、その数値が後ろの ～ で述べられることの具体的な数値であることを示します。

［例3］ 図1の日本語指導が必要な児童生徒数を見てみると、2010年の約3万4千人から2021年の約5万8千人と、およそ10年間で約1.7倍に増加している。

［例4］ 図○は、A社の2021年度の輸出額の割合を地域別に示したものである。図○を見てみると、東アジアが35%、東南アジアが20%と、アジア地域が半数以上を占めている。

練習

データの説明に多く使われる表現の助詞を確認しておきましょう。下の四角の中から助詞を一つ選び、（ ）に入れてください。同じ助詞を何度使っても構いません。助詞が不要な場合は、「×」と書いてください。助詞「は」は使わないでください（答えが二つあるものもあります）。

が を に で と へ より から まで

⑥ 表○を見てみると、山形県（a.　）さくらんぼの全国生産量の約8割（b.　）占めている。

⑦ 図○を見てみると、大企業の割合は、わずか0.3%（　）過ぎない。

⑧ ●●法案に反対と回答した人は、6割（　）上っている。

⑨ 調査では、およそ4割の大学生（　）「機会があれば留学してみたい」と回答している。

⑩ A市の高齢化の状況を見てみると、2010年の高齢者数は約10万人で高齢化率は25%であったが、2020年には約15万人で高齢化率は30%（　）確実に高齢化が進んでいる。

⑪ 図○を見てみると、B大学の受験者数は、2015年から2020年の5年間で10,000人から15,000人と50%（　）増加している。

⑫ 図○を見てみると、B大学の受験者数は、2015年から2020年の5年間で10,000人から20,000人と2倍（　）増加している。

⑬ 図○を見てみると、2020年度の訪日外国人数は、2019年の3,000万人から約300万人と9割近く（　）減少している。

⑭ 図○を見てみると、2020年度の訪日外国人数は、2019年の3,000万人から約300万人とおよそ10分の1（　）減少している。

⑮　地方都市では、転出による人口の減少も大きな課題となっている。表○の2020年のB
　　県を見てみると、転出者10,000人に対し転入者が8,000人（　　　）転出超過が続いている。

　下線部に適切な表現を入れて、文章を完成させてください。波線部は、自分で内容を考え
ましょう。

⑯　表○は、2019年度にA大学が受け入れた交換留学生の出身地域の割合を示したもので
　　ある。表○を見てみると、最も多いのが東南アジアで35%、次いで東アジアの30%、ヨー
　　ロッパの20%＿＿＿＿＿＿＿＿＿＿＿＿＿＿＿＿＿＿＿＿。

⑰　図○は、全国の電車と動物の接触事故の件数の推移を示したものである。2018年度は
　　30件であるのに対し、2019年度は59件と～～～～～～～～～～～～～～～～～～～～～～～～～～～～～。

表現3　判明事項（データからわかること）を述べる。

| 以上のデータ | から | 〜　　こと | がわかる。 |
| この数値 | より | 〜 | と言える。 |

Model　以上のデータより、日本語指導が必要な生徒児童の数が大幅に増加していることが
　　　　わかる。

［例5］　この数値から、日本語指導が必要な児童生徒の数が増加していると言える。

練習

　下線部に適切な表現を入れて、文章を完成させてください。波線部は、自分で内容を考え
ましょう。

⑱　図1は、日本語指導が必要な児童生徒数の推移を示したものである。2021年の日本語指
　　導が必要な児童生徒約5万8千人のうち、約1万人が日本国籍の児童生徒である。このデー
　　タから、日本語指導が必要な児童は外国籍の児童生徒に限らない＿＿＿＿＿＿＿＿＿。

⑲　表○は、2021年度の日本語指導が必要な児童生徒が特別な日本語の指導を受けている
　　かどうかを示したものである。表○を見てみると、特別な日本語の指導を受けている割
　　合は、外国籍の児童生徒で90%、日本国籍の児童生徒で89%となっている。以上のデー
　　タから、～～
　　～～～。

◆論理的な文章の書き方（データと判明事項）

　図表などから判明したことを述べる場合、その根拠となるデータを共に提示する必要があ
ります。次の問題について考えてみましょう。p. 111の図1から、以下のことを判明事項と
して述べる場合、どの部分をデータとして挙げれば証拠になるでしょうか。

（1）2021年度、日本語指導が必要な外国籍児童の数は、日本語指導が必要な日本国籍の児

童生徒の数のおよそ4倍である。

(2) 2008年から2021年の間に、日本語指導が必要な日本国籍の児童生徒の数は約2倍になった。

　また、一つの図表から判明事項として述べられることは多くありません。例えば、図1の日本語指導が必要な児童生徒数からは、なぜ日本語指導が必要な児童生徒が増えているかはわかりません。それを論証するには、他の証拠が必要です。図表を説明する際には、判明事項として述べようとしていることが、その図表のデータから導き出せるかどうかをよく考えるようにしましょう。

◆ やってみよう
　次の文章は、下の表1の説明文です。データと判明事項（データからわかること）を書き、説明文を完成させてください（既に書いてある文章を除いて100〜200字）。

> 　表1は、2021年度の日本語指導が必要な高校生等の中途退学率を示したものである。_____
> _____
> _____
> _____
> _____

表1　2021年度の日本語指導が必要な高校生等の中途退学率

	在籍している生徒数	中途退学した生徒数	中退率
日本語指導が必要な高校生等	4,745	264	5.5%
全高校生等	2,132,224	20,283	1.0%

文部科学省（2022）を基に作成

〈参考文献〉
文部科学省（2022）『日本語指導が必要な児童生徒の受入状況等に関する調査結果について』文部科学省ホームページ
　　https://www.mext.go.jp/content/20221017-mxt_kyokoku-000025305_02.pdf（2023.3.30参照）

3. 課題

　次の図2は、下の表2 (p. 118) をグラフにしたものです。図2および表2を見て、図表の提示、データの説明、判明事項からなる説明文を作成してください（200〜400字）。Model を参考にして書きましょう。

　　課題作成用のワークシートを本書webサイトよりダウンロードできます。

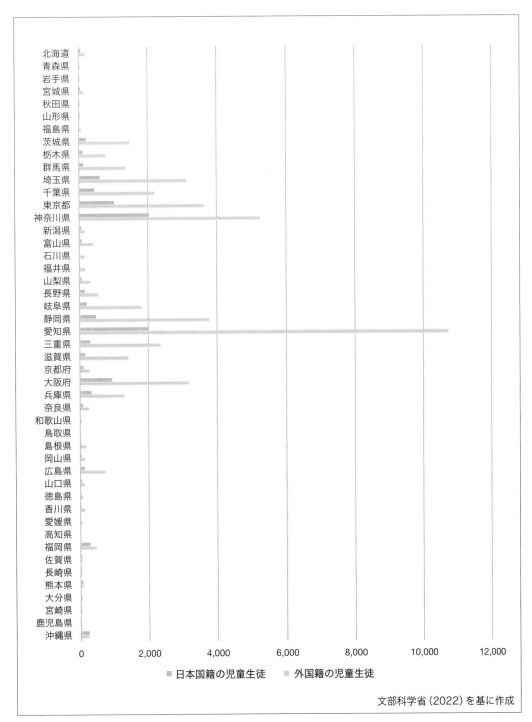

図2 2021年度 都道府県別 日本語指導が必要な児童生徒数

〈参考文献〉

文部科学省 (2022)『日本語指導が必要な児童生徒の受入状況等に関する調査結果について』
https://www.mext.go.jp/content/20221017-mxt_kyokoku-000025305_02.pdf（2023.3.30参照）

表2　2021年度 都道府県別 日本語指導が必要な児童生徒数

		外国籍の児童生徒	日本国籍の児童生徒	計
1	北海道	185	56	241
2	青森県	41	20	61
3	岩手県	34	15	49
4	宮城県	139	42	181
5	秋田県	31	26	57
6	山形県	36	24	60
7	福島県	64	17	81
8	茨城県	1,472	199	1,671
9	栃木県	774	108	882
10	群馬県	1,344	129	1,473
11	埼玉県	3,133	599	3,732
12	千葉県	2,193	440	2,633
13	東京都	3,636	1,010	4,646
14	神奈川県	5,261	2,037	7,298
15	新潟県	160	61	221
16	富山県	406	66	472
17	石川県	149	18	167
18	福井県	170	13	183
19	山梨県	326	62	388
20	長野県	542	154	696
21	岐阜県	1,794	205	1,999
22	静岡県	3,783	475	4,258
23	愛知県	10,749	1,989	12,738
24	三重県	2,353	304	2,657
25	滋賀県	1,416	152	1,568
26	京都府	264	108	372
27	大阪府	3,167	927	4,094
28	兵庫県	1,288	327	1,615
29	奈良県	254	79	333
30	和歌山県	44	10	54
31	鳥取県	18	15	33
32	島根県	182	24	206
33	岡山県	133	38	171
34	広島県	730	128	858
35	山口県	120	41	161
36	徳島県	70	23	93
37	香川県	136	29	165
38	愛媛県	45	15	60
39	高知県	12	11	23
40	福岡県	462	281	743
41	佐賀県	40	34	74
42	長崎県	38	26	64
43	熊本県	79	63	142
44	大分県	50	19	69
45	宮崎県	36	16	52
46	鹿児島県	28	14	42
47	沖縄県	232	239	471
	計	47,619	10,688	58,307

文部科学省 (2022) を基に作成

5-1-2 読み物2＆表現

| 読む前に | ● あなたの国では外国人の児童・生徒に対する教育はどの言語で行われていますか。
● 外国で育った子どもが母語を十分に習得しなかった場合、どのようなことが起きると思いますか。 |

1. 読み物

移民の統合と排除：グローバリゼーションと多文化主義後退のなかで

『未来共生学』5　宮島喬（2018）大阪大学未来戦略機構第五部門未来共生イノベーター博士課程プログラム

2. 統合と多文化アプローチ

（前略）

多文化的アプローチは、「差異」を認めることを含意するが、「文化的差異は、実際には社会的ヒエラルヒー、不平等、排除から切り離せないものである」（ヴィヴィオルカ 2009: 101）以上、文化的差異があってもそれがないかのように無視することは、現実にある不平等、剥奪、排除に目をふさぐ結果になりかねない。たとえば、金曜日にはモスクでの礼拝に集い、生活の中でウルドゥー語を使う頻度の高い移民たちがいて、そうした人々がしばしば不熟練労働に就き、あるいは失業状態にあり、貧困のなかにあることは経験的に知られている。文化資本の不適合による排除、また偏見、民族差別などが [a] その剥奪状態を生んでいるならば、その関係を明らかにすることは重要である。

多文化主義あるいは多文化アプローチ、これらの言葉を互換的に用いるが、一個の社会において成員たちを共存させ、協働させていくとき、複数の文化をどのように許容し、扱い、位置づけ、意味付けていくか。そこには幾つかのタイプが区別されるように思われる。

3. 多文化アプローチの幾つかのパターン

一つは、諸文化を特定的に扱い、それぞれに固有の位置、権利を認めていくようなタイプで、たとえば二言語あるいは複数言語を公用語としているようなケースは分かりやすい例である。移民との関連でいうと、学校における母語の教育が、言語の種類を定めて継続的に行なわれ、ムスリム移民が礼拝の場と時間を保障されるような例がある。たとえばイギリスのイングランド中部、北部の都市では、移民住民の（学校理事会などを通じての）要求に応じて、ウルドゥー語、ヒンディー語、グジャ

ラート語、ベンガル語の母語教育が継続的に行なわれている例がある。

　他方、特定文化への固定された支持、支援のかたちはとらず、より柔軟に機能する多文化主義もあろう。機能的多文化主義と仮に呼んでおこう。その特徴は、規則の柔軟性にあろう。たとえばアメリカでは、二言語教育法が連邦レベルで成立しているが、各州からの要求に応じて補助金を与えるもので、英語－スペイン語のそれを支援することは多いが、英語－ベトナム語、英語－韓国語などの場合もある。それは州の教育現場の判断と決定による。

　また、「宗教の自由または平等」を明示的にうたい、移民たちの要望や交渉によりそれぞれの場、機会に即して、*ad hoc*に宗教に関連した実践行動を認めていく多文化主義もありうる。しばしば移民第二世代にとっては、多文化のイメージはそうしたものだろう。

　第三に、多文化主義の名が充てられることはあまりないが、一社会のなかで職業へのアクセスが比較的外国人や移民出身者にも開かれているケースである。たとえば教員、公務員、医師弁護士、看護師、ソーシャルワーカーなどに移民出身者が就いて、後発移民への多文化的支援が行われうる可能性がある。これらの人々を多文化エイジェントと呼ぼう。教育、医療、福祉行政サービス、法支援などが彼らによって媒介されることで、よりスムーズに統合が進む。イギリスやフランスではこうした移民への多文化支援態勢がみられるが、日本では外国人の教員・公務員任用に制限があり、医師、看護師等の国家資格試験が厳格で、多文化エイジェントが機能する条件が十分ではない。

4. 統合のイデオロギー — 多文化主義の後退と統合のアプローチ

　欧米諸国では、1980年代、90年代にはまだ移民マイノリティの言語、文化、生活様式、欲求充足様式の独自性を尊重する多文化（主義）アプローチがとられるケースが多かった。オランダ、スウェーデン、イギリス、そしてアメリカもそうだったし、フランス、ドイツでも一部そうした傾向がみられた。だが、80年代後半から90年代に方向転換が起こる。

　その場合、現実の統合政策では、ある国々では文化的差異をなくすこと、多文化の承認や支援をやめることが問題の解決であるかのように解釈され、方向転換が行なわれた。オランダのケースが代表的だが、移民とその子どもたちの失業率、学校ドロップアウト率の高さはホスト国言語を十分マスターしていないためとして、母語支援よりも、ホスト国言語（この場合オランダ語）の習得を義務化する傾向を強めた。こうしてオランダは、掲げてきた移民の統合政策への多文化的アプローチを90年代になげうつ（NSCGP 1990: 36）。

　しかし、ここで考えなければならないのは、次の二つの命題のどちらにより有意味性、真実性を認めるか、である。

Ⅰ　母語の教育や習得に力、時間を費やすことが、ホスト国言語の習得を遅らせ、不十分にし、社会参加や職業参加を困難にする。

Ⅱ　母語を忘失、またはその積極的使用が不可となり、親子関係の維持が困難となり、家族生活のなかに葛藤をもたらし、かつ当人がダブルリミテッドになる恐れもある[1]。

　この内のⅠは、実は真実性にとぼしい。移民第二世代の子どもはオランダ語を聞き、反応し、学校では多くの授業をオランダ語で受けるわけで、週5時間の母語授業のためにオランダ語の習得が妨げられると考えるのは一面的である。むしろ、Ⅱの懸念の方が無視できず、この数時間の母語授業は移民の家族のインテグリティの保持を助けてくれ、母語能力が初歩的な話し言葉の使用に還元されてしまうのをくいとめてくれる。A.ポルテスらのいう「不協和な文化変容」のⅠとⅡ（Portes 2001）、つまり、子どもの言語的・アイデンティティ的乖離と親の権威の低下などへの抑止の効果があろう。移民の社会生活適応において家族の演じる役割の重要性は、これまでコールマン、ゼルルー、ポルテスら多くの研究が指摘してきた。

（以下略）

〈参考文献〉

Netherlands Scientific Council for Government Policy（NSCGP）1990. *Immigrant Policy: Summary of the 36th Report.*

Portes, A. and R.G.Rumbaut 2001. *Legacies.* Univ. of California Press.

ヴィヴィオルカ, M. 2009.『差異――アイデンティティと文化の政治学』宮島喬・森千香子訳、法政大学出版局。

---

[1] 「ダブルリミテッド」とは、二つ（以上）の言語を使用できるものの、そのどれもが十分な習得に至っていない状態のことを指す。（本書注）

◆ 内容確認

本文を読み、以下の質問に答えなさい。

（1）下線部（a）の「その剥奪状態」とは何を指しますか。

（2）本文の内容から考えると、日本で多文化エイジェントを十分に機能させるためには、どのような改善が必要だと言えますか。

（3）オランダが多文化的アプローチを放棄した際に根拠として用いられたのはどのような主

張ですか。

(4) 第4節「統合のイデオロギー―多文化主義の後退と統合のアプローチ」における筆者の
　　主張とその理由を自分の言葉で簡略にまとめてください。
　　　・主張：
　　　・理由：

◆ 話し合い
(1) あなたは移民の児童の母語に対する著者の意見に賛成しますか、それとも、反対します
　　か。その理由は何ですか。

(2) 外国人児童に対して行われる言語教育の全体を10と考えた場合、ホスト国の言語と母
　　語にそれぞれどれくらいの比重を置くのが適切だと思いますか（例えば、「7：3」「5：5」
　　など）。その理由は何ですか。

2. 表現と練習

目標：政策を引用し評価を述べる。

◆ [Model] 表現に注目して読んでみよう
（5-1-1の続きです）

　では、日本では、増加し続ける日本語指導が必要な児童生徒に対し、どのような教育が行
われているのだろうか。文部科学省（2014）によれば、日本では、2014年4月1日に、学校
教育法施行規則の一部が改正され、日本語指導が必要な児童生徒に対し、「特別の教育課程」
を編成し実施できるようになった。「特別の教育課程」について、文部科学省のホームペー
ジ「「特別の教育課程」による日本語指導の位置付け」では、次のように述べられている。

　　「特別の教育課程」による日本語指導は、児童生徒が学校生活を送る上や教科等の授業
　　を理解する上で必要な日本語の指導を、在籍学級の教育課程の一部の時間に替えて、在
　　籍学級以外の教室で行う教育の形態です。

122

つまり、「特別の教育課程」とは、日本語の指導が必要な児童生徒が、他の教科の時間に、別の教室で日本語の指導を受けられるという制度である。では、実際にどのような指導が行われているのだろうか。同ホームページでは、以下のように述べられている。

　　日本の学校生活や社会生活について必要な知識を学び、日本語を使って行動する力を身につけることが主な目的となります。健康・安全・関係づくりなどの観点や、教科や文房具、教室の備品名など、学校生活で日常的に使う言葉（※「サバイバル日本語」と呼ばれることがあります。）などについて、その児童生徒にとって緊急性の高いものから順に指導を行うことを目的とするものです。
　　具体的には、挨拶の言葉や実際の場面で使用する日本語の表現を練習したり、自分の名前を平仮名や片仮名で書いたり、教室に掲示されている文字を理解できるようにしたりすることなどが考えられます。

　このように、「特別の教育課程」とは、決められた学習内容ではなく、児童生徒のニーズに合わせて、優先順位の高いものから教えていくことができる制度であると言える。「特別の教育課程」において、児童生徒のニーズに合わせて教育内容を決められる点は、児童生徒に対する日本語教育の政策としては評価できる。個別のニーズに合わせて柔軟に作成した教育課程は、児童生徒の日本語の習得の助けになると考えられる。また、日本政府が日本語教育に力を入れることも、児童生徒が将来日本で自分の人生を切り開いていけるようにするという観点からは妥当であると思われる。日本語を用いて行われる学校生活に十全に参加できるかどうかが、日本での進学や就職を大きく左右するからだ。

　しかし、課題がないわけではない。「特別の教育課程」に関する説明には、日本語指導の必要な児童生徒の母語に対する言及は見られない。日本社会への適応が最大の目標となっており、児童生徒の母語への配慮に欠けているのである。母語の保持は、家族との意思疎通やアイデンティティの確立といった観点から重要であり、児童生徒の健全な発達に欠かせないものである。児童生徒を日本社会に適応させることだけを考えるのではなく、母語の保持をどう支援していくかも考慮に入れた政策が必要ではないだろうか。さらに、母語の保持の支援は、生徒児童だけではなく、日本社会にも望ましい変化をもたらすと思われる。教育政策に基づいて児童生徒の母語の保持を支援することは、多文化を受け入れ共生していこうという国としての意志の表明でもあり、日本が多様性を認める社会に変わっていくことにつながると考えられるからである。

〈参考文献〉
文部科学省 (2014)「学校教育法施行規則の一部を改正する省令等の施行について（通知）」文部科学省ホームページ　https://www.mext.go.jp/a_menu/shotou/clarinet/003/1341903.htm （2022.6.18 参照）
文部科学省「「特別の教育課程」による日本語指導の位置付け」文部科学省ホームページ

◆ 構成

引用する。引用を自分の言葉でまとめる。政策に対する評価を述べる。

◆ 表現

表現1　発話を表す動詞の受身形を用いて引用する。

著者名（刊行年）	では、	次のように	述べられている。
○年○月○日付の『新聞名』		～ と	指摘されている。
●●のホームページ		～ こと が	

[Model]　文部科学省のホームページでは、「特別の教育課程」について、次のように述べられている。

※この引用の方法は、直接引用と間接引用、どちらにも使用できます。

[例1]　宮島（2018）では、「日本では外国人の教員・公務員任用に制限があり、医師、看護師等の国家資格試験が厳格で、多文化エイジェントが機能する条件が十分ではない」と指摘されている。

[例2]　宮島（2018）では、公務員任用に制限があることや、医師、看護師等の国家資格が厳格であること等により、日本は多文化エイジェントが機能する条件が十分ではないことが指摘されている。

※例2と次の例3を比べてみましょう。発話を表す動詞を使った引用文は、例2の受身文、例3の能動文、どちらの言い方も可能です。文がねじれないように気を付けましょう。

[例3]　宮島（2018）は、公務員任用に制限があることや、医師、看護師等の国家資格が厳格であること等により、日本は多文化エイジェントが機能する条件が十分ではないと指摘している。

練習

下線部に適切な表現を入れて、文章を完成させてください。

① カミンズ・ダネシ（2005）では、家庭でマイノリティグループの言語を使うこと自体は子どもの学習のハンディにならないと_____。

② カミンズ・ダネシ（2005）は、家庭でマイノリティグループの言語を使うこと自体は子どもの学習のハンディにならないと_____。

表現2　引用の内容を自分の言葉でまとめる。

| つまり、 | ～ 。 |
| このように、 | |

Model　（引用文）**つまり、**「特別の教育課程」とは、日本語の指導が必要な児童生徒が、他の教科の時間に、別の教室で日本語の指導を受けられるという制度である。

［例4］　（引用文）**このように、**「特別の教育課程」とは、決められた学習内容ではなく、児童生徒のニーズに合わせて、優先順位の高いものから教えていくことができる制度であると言える。

練習

　次の③は、ブロック引用を入れた文章です。文章を読み、引用の内容を自分の言葉でまとめてください。ブロック引用では、まず、引用することを明言し、前後を1行空けて、引用部分は2字下げで引用します。ブロック引用は直接引用なので、元の文を変更してはいけません。

③　中島（2016）は、バイリンガルについて6つの観点から分類を行っている。そのうちの一つである「母語の社会的地位との関連で見た分類」では、同じく日本に居住し、二つの言語に触れて育つ子どもでも、各々の母語の社会的地位によってその習得に違いが生じるとし、次のように述べている。

　　　たまたまその母語が日本人が一目置く英語のような国際語である場合は、日本語を習得しながら母語を維持しやすいので、結果としてバイリンガルになる可能性が高い。
　　　ところが、子どもの母語が日本人があまり有用とは感じない、または聞いたこともないようなことばであると、子どもは人前で母語を話すことをはばかったり、母語を恥じて人前でそのことばが話せることを隠そうとしたりする。このように社会でそのことばを話す人の数も少なく、政治的にも経済的にも文化的にも力を持っていない、つまり社会的に劣勢であることばを母語とする子どもは、せっかく2言語に触れて育つ環境にありながら、結果として1つのことばしかできないモノリンガルになってしまう傾向が強い。

　{つまり／このように}、＿＿＿＿＿＿＿＿＿＿＿＿＿＿＿＿＿＿＿＿＿＿＿＿＿

＿＿＿＿＿＿＿＿＿＿＿＿＿＿＿＿＿＿＿＿＿＿＿＿＿＿＿＿＿＿＿＿＿＿＿＿

表現3　政策に対する評価を述べる（理解を示した上で、問題点を指摘する）。

～ こと / 点 は、	名詞句 として ～ という観点 から	は	評価できる。 理解できる。 妥当である。	しかし、 ただ、	～〔問題点〕。

Model　「特別の教育課程」において、児童生徒のニーズに合わせて教育内容を決められる

点は、児童生徒に対する日本語教育の政策としては**評価できる**。個別のニーズに合わせて柔軟に作成した教育課程は、児童生徒の日本語の習得の助けになると考えられる。また、日本政府が日本語教育に力を入れることも、児童生徒が将来日本で自分の人生を切り開いていけるかどうかという**観点からは妥当である**と思われる。日本語を用いて行われる学校生活に十全に参加できるかどうかが、日本での進学や就職を大きく左右するからだ。しかし、課題がないわけではない。「特別の教育課程」に関する説明には、日本語指導の必要な児童生徒の母語に対する言及は見られない。

[例5] 日本語の指導が必要な児童生徒への支援に、地域住民の協力を求める**ことは**、多文化共生という**観点からは妥当である**と思われる。地域住民が児童生徒の日本語の支援にかかわることで、児童生徒と彼らの母文化に対する理解が深まることが期待できるからだ。しかし、ボランティア頼みの状態は望ましくない。日本語学習の支援は、生活の保全と教育機会の保障という基本的な人権に関わる問題であり、国が責任をもって実施すべきことだからである。

練習

　下線部に適切な表現を入れて、文章を完成させてください。

④ 2019年6月に「日本語教育の推進に関する法律」が施行された。文化庁のホームページによれば、この法律は、日本語教育の基本理念を定め、国、地方公共団体および事業主の日本語教育に対する責務を明らかにしたものである。この法律で、外国人を雇用する事業主の責務を明記したことは、外国人労働者に対する日本語教育の支援体制を整備する a.＿＿＿＿＿＿＿＿＿、評価できる。事業主の責任の所在を明らかにすることで、より多くの人々に日本語学習の支援が行き届くようになるからだ。b.＿＿＿＿、この法律は、努力義務を定めたものであり、責務を果たさなかった場合の罰則は定められていない。この法律を基にどのような政策が実施されていくのか、注視していく必要があるだろう。

〈参考文献〉

カミンズ, ジム・ダネシ, マルセル著　中島和子・高垣俊之訳 (2020)『新装版カナダの継承語教育—多文化・多言語主義を目指して』明石書店

中島和子 (2016)『完全改訂版バイリンガル教育の方法』アルク

文化庁 (2019)「日本語教育の推進に関する法律について」文化庁ホームページ https://www.bunka.go.jp/seisaku/bunka_gyosei/shokan_horei/other/suishin_houritsu/index.html （2022.6.18参照）

◆ やってみよう

　次の文章は、外国籍の児童の就学義務について述べたものです。文章を読み、制度の問題点を指摘して文章を完成させてください。

　近年、義務養育を受ける年齢に該当する外国籍の児童生徒が学校に通っていない
ケースがあるという問題が指摘されている。文部科学省総合政策局（2022）によ
れば、不就学の可能性のある児童生徒数は、2021年5月1日時点で外国籍の児
童生徒133,310人のうち10,046人となっている。この問題の背景には、現在、
日本では、日本国籍を持たない人には就学義務、すなわち、子どもに義務教育を受
けさせる義務がないという事情がある。日本国籍を持たない人は、憲法第26条第
2項の「すべて国民は、法律の定めるところにより、その保護する子女に普通教育
を受けさせる義務を負ふ」の「国民」に該当しないのである。これは、法というも
のが、その効力の及ぶ範囲を明確に規定する必要があるという点からは理解できる。
しかし、＿＿＿＿＿＿＿＿＿＿＿＿＿＿＿＿＿＿＿＿＿＿＿＿＿＿＿＿＿＿
＿＿＿＿＿＿＿＿＿＿＿＿＿＿＿＿＿＿＿。学校に通うべき年齢で学校に通っていな
い児童をなくすためにも、国籍にかかわらず、一定年齢の子どもを持つ保護者に対
しては、就学義務を負わせる必要があるのではないだろうか。

〈参考文献〉

E-GOV法令検索「日本国憲法（昭和二十一年憲法）」
　　　https://elaws.e-gov.go.jp/document?lawid=321CONSTITUTION（2022.6.30参照）
文部科学省総合教育政策局（2022）『外国人の子どもの就学状況調査等の概要』文部科学省ホー
　　　ムページ
　　　https://www.mext.go.jp/content/20220324-mxt_kyokoku-000021407_03.pdf（2022.7.14）

3. 課題

　次の文章は、日本の留学生の資格外活動について述べたものです。次の①〜④の指示に従っ
て下線部を記入し、文章を完成させてください。

　①　出入国管理庁のホームページから情報を引用することを述べる。
　②　引用した資格外活動の要件を簡潔にまとめる。
　③　日本の留学生の資格外活動の制度について理解を示す。
　④　日本の留学生の資格外活動の制度の問題点を指摘する。

　課題作成用のワークシート（以下と同じもの）を本書webサイトよりダウンロードできま
す。

　日本では、留学生がアルバイトをする場合には事前の許可申請が必要で、かつ、週28時間以内という制限がある。①出入国管理庁のホームページa.＿＿＿＿＿＿、次のようにb.＿＿＿＿＿＿＿＿＿＿＿＿＿＿＿＿＿。

　Ⅰ. 資格外活動の要件（一般原則）

　　以下の要件のいずれにも適合する場合に資格外活動を行う相当性が認められ、許可されます。

（1）申請人が申請に係る活動に従事することにより現に有する在留資格に係る活動の遂行が妨げられるものでないこと。

（2）現に有する在留資格に係る活動を行っていること。

（3）申請に係る活動が法別表第一の一の表又は二の表の在留資格の下欄に掲げる活動（「特定技能」及び「技能実習」を除く。）に該当すること。（注）下記2（1）の包括許可については当該要件は求められません。

（4）申請に係る活動が次のいずれの活動にも当たらないこと。

　ア　法令（刑事・民事を問わない）に違反すると認められる活動

　イ　風俗営業若しくは店舗型性風俗特殊営業が営まれている営業所において行う活動又は無店舗型性風俗特殊営業、映像送信型性風俗特殊営業、店舗型電話異性紹介営業若しくは無店舗型電話異性紹介事業に従事して行う活動

（5）収容令書の発付又は意見聴取通知書の送達若しくは通知を受けていないこと。

（6）素行が不良ではないこと。

（7）本邦の公私の機関との契約に基づく在留資格に該当する活動を行っている者については、当該機関が資格外活動を行うことについて同意していること。

　以上のように、日本では、②＿＿。

つまり、一定の制限はあるものの、留学生が収入を得ながら学業に励むことができるのである。この政策は、③＿＿＿＿＿＿＿＿＿＿＿＿＿＿＿＿＿＿＿＿＿＿＿＿＿＿＿＿＿＿＿＿＿＿＿。しかし、④＿＿

〈参考文献〉

出入国在留管理庁「資格外活動許可について」出入国在留管理庁ホームページ

　http://www.moj.go.jp/isa/applications/guide/nyuukokukanri07_00045.html （2022.6.18参照）

5-2　レポート作成の階段⑥
調査報告型レポートの書き方

> 目標：調査報告型レポートが書けるようになる。

1. 調査報告型レポートの書き方

◆ 調査報告型レポート（文献調査）の基本的な構成

　本書では、調べたことをまとめて報告するタイプのレポートを調査報告型レポートと呼びます。具体的な調査の方法は、質問紙調査やインタビュー、実験など多岐にわたりますが、ここでは、文献調査のレポートを扱います。レポートを作成する際には、書籍・新聞・責任の所在がわかるホームページなど、読み手が検証可能な情報を用います。以下に、調査報告型レポートの基本的な構成を示します。

調査報告型のレポートの基本的な構成

はじめに	背景説明 問題提起の文 目標規定文
本論	・調査した事項（引用）➡自分の言葉でまとめる ・調査した事項（引用）➡自分の言葉でまとめる ・考察（調査した内容に対する意見）
結び	まとめ （評価と展望） ※評価と展望は、7-2で扱います。

◆ 調査報告型レポートのサンプル

　5-1-1 と 5-1-2 の Model では、日本語指導が必要な児童生徒数の推移を説明する文章と、日本語指導が必要な児童生徒に対する日本の政策とそれに対する筆者の意見を述べる文章を読みました。ここでは、それを基に調査報告型のレポートの構成と書き方を見ていきましょう。

日本語の指導が必要な児童生徒に対する言語教育支援
—現状と今後の支援の在り方—

○○学部○○学科

学生番号　　多摩　花子

1. はじめに

　日本に居住する外国人の増加に伴い、日本語指導が必要な児童生徒が増えている。遠藤（2019）は、北海道の日本語指導が必要な外国人児童を取り巻く環境を取材し、北海道が外国人の散在地域であることから、日本語の支援が主に担任教師やボランティアによって担われており、外国人児童への日本語の支援が十分に行き届いていないと指摘している。

　では、日本全国を見た場合はどうだろうか。日本には、日本語指導が必要な児童生徒がどの程度おり、その児童生徒に対してどのような政策がとられているのだろうか。本レポートでは、日本語指導が必要な児童生徒の現状について調査を行う。日本語指導を必要とする児童生徒の数と、彼らに対してどのような日本語指導が行われているかを調査し、現状の教育方針の問題点を指摘した上で、今後の支援の在り方について考察する。

2. 日本語指導が必要な児童生徒数

　日本には日本語指導を必要とする児童生徒がどの程度存在するのだろうか。文部科学省の『日本語指導が必要な児童生徒の受入状況等に関する調査結果について』を見てみよう。この調査は、公立小・中・高等学校等における日本語指導が必要な児童生徒の受入状況等について、2021年5月1日を基準日として行った調査である。この調査における「日本語指導が必要な児童生徒」とは「日本語で日常会話が十分にできない児童生徒、もしくは、日常会話ができても学年相当の学習言語が不足し、学習活動への参加に支障が生じている児童生徒」である。

　図1は、日本語指導が必要な児童生徒数の推移を示したものである。外国籍の児童生徒と日本国籍の児童生徒の計を見てみると、2008年から2014年までは、30,000人台で推移していたが、2016年には40,000人、2018年には50,000人に達し、2021年には、58,000人に上っている。以上のデータより、日本語指導が必要な生徒児童の数が大幅に増加していることがわかる。

はじめに

☞ **背景説明**

今、どのようなことが起きているか、問題の背景を説明します。

☞ **問題提起**（問い）

☞ **目標規定文**

　a. レポートのテーマ

　b. 調査すること

　c. 何を考察するか

本論

本論では、調査したことをまとめます。この際に、以下の点に注意しましょう。

・読み手は、レポートの書き手が見た情報を見ていません。情報を見ていない人も内容を理解できるように丁寧に書きます。

・どこが引用部か、分かるようにします。

・引用をしたら、自分の言葉でまとめます。

・図や表には、番号を付けます。

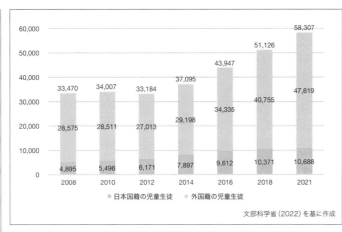

図1　公立学校における日本語指導が必要な児童生徒数の推移

3. 日本語指導が必要な児童生徒に対する教育の現状

　では、日本では、増加し続ける日本語指導が必要な児童生徒に対し、どのような教育が行われているのだろうか。文部科学省（2014）によれば、日本では、2014年4月1日に、学校教育法施行規則の一部が改正され、日本語指導が必要な児童生徒に対し、「特別の教育課程」を編成し実施できるようになった。「特別の教育課程」について、文部科学省のホームページ「「特別の教育課程」による日本語指導の位置付け」では、次のように述べられている。

　「特別の教育課程」による日本語指導は、児童生徒が学校生活を送る上や教科等の授業を理解する上で必要な日本語の指導を、在籍学級の教育課程の一部の時間に替えて、在籍学級以外の教室で行う教育の形態です。

🔖引用

　つまり、「特別の教育課程」とは、日本語の指導が必要な児童生徒が、他の教科の時間に、別の教室で日本語の指導を受けられるという制度である。では、実際にどのような指導が行われているのだろうか。同ホームページでは、以下のように述べられている。

🔖 引用を自分の言葉でまとめる

　日本の学校生活や社会生活について必要な知識を学び、日本語を使って行動する力を身につけることが主な目的となります。健康・安全・関係づくりなどの観点や、教科や文房具、教室の備品名など、学校生活で日常的に使う言葉（※「サバイバル日本語」と呼ばれることがあります。）などについて、その児童生徒にとって緊急性の高いものから順に指導を行うことを目的とするものです。

🔖引用

具体的には、挨拶の言葉や実際の場面で使用する日本語の表現を練習したり、自分の名前を平仮名や片仮名で書いたり、教室に掲示されている文字を理解できるようにしたりすることなどが考えられます。

　このように、「特別の教育課程」とは、決められた学習内容ではなく、児童生徒のニーズに合わせて、優先順位の高いものから教えていくことができる制度であると言える。「特別の教育課程」において、児童生徒のニーズに合わせて教育内容を決められる点は、児童生徒に対する日本語教育の政策としては評価できる。個別のニーズに合わせて柔軟に作成した教育課程は、児童生徒の日本語の習得の助けになると考えられる。また、日本政府が日本語教育に力を入れることも、児童生徒が将来日本で自分の人生を切り開いていけるようにするという観点からは妥当であると思われる。日本語を用いて行われる学校生活に十全に参加できるかどうかが、日本での進学や就職を大きく左右するからだ。

　しかし、課題がないわけではない。「特別の教育課程」に関する説明には、日本語指導の必要な児童生徒の母語に対する言及は見られない。日本社会への適応が最大の目標となっており、児童生徒の母語への配慮に欠けているのである。母語の保持は、家族との意思疎通やアイデンティティの確立といった観点から重要であり、児童生徒の健全な発達に欠かせないものである。児童生徒を日本社会に適応させることだけを考えるのではなく、母語の保持をどう支援していくかも考慮に入れた政策が必要ではないだろうか。さらに、母語の保持の支援は、生徒児童だけではなく、日本社会にも望ましい変化をもたらすと思われる。教育政策に基づいて児童生徒の母語の保持を支援することは、多文化を受け入れ共生していこうという国としての意志の表明でもあり、日本が多様性を認める社会に変わっていくことにつながると考えられるからである。

4. 結び

　以上、日本語の指導が必要な児童の現状について見てきた。日本語指導が必要な児童生徒が年々増えており、2021年度の時点でその数が約5万8000人に達していることを確認した。また、その児童生徒に対する教育においては、日本語の指導のみが重視されており、彼らの母語の保持については特別の取り組みがなされていないことを指摘した。この事実を踏まえ、本レポートでは、日本語指導が必要な児童生徒に対する今後の教育においては、日

☞ 引用を自分の言葉でまとめる

☞ 考察

調べた内容に考察を加えます。冒頭の目標規定文に「現状の教育方針の問題点を指摘した上で、今後の支援の在り方を考察する」とありますから、「現状の教育の問題点」と「今後の支援の在り方」を書きます。

結び

目標規定文と対応させ、これまで述べた内容をもう一度簡潔に述べます。

　　a. レポートのテーマ

　　b. 調査したこと

　　c. 何を考察したか

本語の習得だけでなく、彼らの母語の保全のための取り組みも必要であることを論じた。母語を守っていくための具体的な取り組みについては、今後、海外の事例などを参考にしながら考えていきたい。

〈参考文献〉

遠藤美波「（ラウンジ）日本語教育、行き渡らぬ支援　増える指導必要な生徒、道内は散在／北海道」『朝日新聞』2019年12月16日（朝刊）

文部科学省「「特別の教育課程」による日本語指導の位置付け」文部科学省ホームページ　https://www.mext.go.jp/a_menu/shotou/clarinet/003/1341926.htm（2022.6.18参照）

文部科学省（2014）「学校教育法施行規則の一部を改正する省令等の施行について（通知）」文部科学省ホームページ
https://www.mext.go.jp/a_menu/shotou/clarinet/003/1341903.htm（2022.6.18参照）

文部科学省（2022）『日本語指導が必要な児童生徒の受入状況等に関する調査結果について』文部科学省ホームページ
https://www.mext.go.jp/content/20221017-mxt_kyokoku-000025305_02.pdf（2022.2.9参照）

参考文献

参考文献は、本文の引用部分と結べるように必要な書誌情報を入れます。

（4-2-1参照）

2. レポートを書いてみよう

「私の国の外国人」というテーマで調査報告型のレポートを作成しましょう（1,200〜1,600字）。

◆ 話し合ってみよう

自分の国に居住している外国人、または日本に居住している外国人について、国や地方自治体のホームページでどのような情報が集められるでしょうか。クラスの人と話し合って、書き出してみましょう。

〈メモ〉

◆ 情報収集

各自、インターネットで情報を集めてみましょう。情報収集をしている段階では、どの情

報を使用するかわからないので、必ず、ページの名前やURLなどのメモを残しながら、情報を集めていきましょう。

◆ 書いてみよう

❶ 問いを立てる

　収集した情報のうち、どれを使ってレポートを書くか決めましょう。そして、問いを立てましょう。問いは、一つでも二つでも構いませんが、最後に簡単な考察を付けられるものにします。

〈メモ〉

問い1   問い2

❷ タイトルを付け、アウトラインを作成する

　タイトルを付けてアウトラインを作成してみましょう。まず、❸の〈確認表〉を見て、どのような内容のレポートが求められているか、確認してください。

タイトル	
はじめに	・背景説明 ・問題提起 ・目標規定文 本レポートでは、(a.　　　　　　　　　　　　　　　) について調査を行う。(b.　　　　　　　　　　　　　) を調査し、(c.　　　　　　　　　　　　　　　　　) について考察する。
本論	

本論	
結び	

❸ レポートの作成

　作成したアウトラインを基にレポートを作成してください。書き終えたら、〈確認表〉の「自己評価」の欄を記入してください。

　　　レポート作成用のワークシートを本書webサイトよりダウンロードできます。

〈確認表〉　よくできた◎　できた○　もう少し△　残念×

		項目	自己評価	記入者氏名		
はじめに	1	問題提起の文（レポートの問い）がある。				
	2	目標規定文がある。				
本論	3	問いに対する明確な答えがある。				
	4	調査した内容を引用している。				
	5	どこからどこまでが引用かわかるように書いてある。				
	6	引用した内容を自分の言葉でまとめてある。				
	7	調査した内容に対する筆者の意見や考察が述べてある。				
結び	8	「まとめ」が目標規定文と対応している。				
引用	9	引用箇所を参考文献リストと結ぶことができる。				
	10	参考文献リストに必要な項目が書いてある。				

5-3　レポートを読み合う

> 目標：1. クラスの人のレポートの概要を書き出し、骨子を把握した上でコメントを述べる。
> 　　　2. もらったコメントを参考に、レポートを修正する。

　5-2では、調査報告型のレポートを書きました。今回も、クラスの人とレポートを読み合い、コメントを述べ合いましょう。今回は、他の人のレポートを読み、概要を書き出してみることで、レポートの骨子とその論理性を把握することを目指します。文章の概要を自ら整理することによって、文章に対する理解が進むだけでなく、内容の矛盾や欠落にも気づきやすくなり、より的確なコメントを述べられるようになります。活動の後は、もらったコメントを基にして自分のレポートを修正し、より良いレポートを目指します。

◆ 概要を書き出し、コメントを準備する

❶ 概要を書き出す

　クラスの人のレポートを読み、概要を書き出してみましょう。この概要は自分の理解のためのものですから、文章をそのまま写すのではなく、自分にとってわかりやすい簡潔な言葉でまとめてください。作成の際には、良いと思った点、分かりにくいと感じた点などもメモしておきましょう。

問い	
調査した内容	
考察した内容	

※問いと答えが複数ある場合は、複数書き出します。

❷ コメントを準備する

　もう一度、クラスの人のレポートを読み、〈確認表〉に記入します。〈確認表〉と作成した概要を基に、コメントを準備しましょう。概要を作成する際に、まとめるのが困難だった点があれば、それも伝えます。メモは、自分のためのものです。

〈メモ〉

```



```

◆ コメントを述べ合い、レポートを修正する

❶ コメントを述べ合う

・まず、グループで司会者を決めてください。

・司会者は、〈確認表〉の項目に沿って、「はじめに」についてのコメント、次に「本論」についてのコメント、というふうに進めていきましょう。最後に、自由に意見や感想を述べる時間も取りましょう。

・グループのメンバーは、司会者の指示にしたがって、順番にコメントを一つずつ、述べてください。レポートの書き手や、グループの人は、コメントに対して質問があれば、質問しましょう。

❷ レポートを修正する

　クラスの人からもらったコメントを基に、自分のレポートを修正してみましょう。質問があったところに説明を加えるなど、読みやすいレポートを目指しましょう。

第**6**課

教　育

読み物1＆表現

読む前に
- 優秀な学業成績を収めるには、個人の能力と努力が最も重要だという考え方について、どう思いますか。
- 日本の大学入試制度は公正かつ公平だと思いますか。その理由は何ですか。

1. 読み物

［受験］生まれが「モノ」をいう社会

『データで読む　教育の論点』舞田敏彦 (2017) 晶文社

　近代以降の社会では、人間の社会的地位は、出自ではなく能力によって決まることになっています。「何であるか」よりも「何ができるか」が重視される、言うなれば[a]「属性主義」から「能力主義」への転換です。

　しかるにこれは建前であって、能力主義の理念が100％具現されている社会というのは存在しないでしょう。現実の社会は、属性主義と能力主義を両極とした線上のどこかに位置しています。

　はて、日本はどの辺りに位置づくのか。言い換えれば、能力主義（平等主義）の理念がどれほど実現されているか。この点については、社会移動に関する膨大な先行研究がありますが、ここではシンプルに、国民の意識に注目してみましょう。

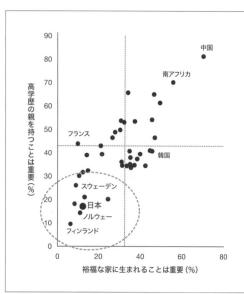

図13-1　出世に際して重要なこと
「Essential」＋「Very important」の回答比率。
「Social Inequality IV - ISSP 2009」より作成。

　ISSPが2009年に実施した『社会的不平等に関する国際意識調査』では、対象国の国民（18歳以上）に対し、出世に際して重要と思う条件を答えてもらっています。

　「裕福な家庭に生まれること」と「高学歴の親を持つこと」を重要と考える国民が、全体の何％いるかに注目してみましょう。横軸に前者、縦軸に後者の比率をとった座標上に、調査対象の41か国を配置すると、図13-1のようになります。「Essential（不可欠）」ないしは「Very important（とても重要）」と答えた者の比率で

す。ドイツは、東西に分けて回答が集計されています。

　右上には、中国が位置しています。この大国では、国民の8割が、出世に際しては裕福な家庭に生まれ、高学歴の親を持つことが重要と考えています。その次は南アフリカで、イスラームのトルコや東欧諸国も、ライフチャンスの社会的規定性についてセンシティブです。人々の生き方への社会的統制が強いので、こういう結果になるのでしょう。

　左下はその逆の社会ですが、日本と北欧諸国が該当するようです。人々の意識の上では、生まれに関係なく、ライフチャンスが開かれていると考えられている社会。

　私はこれまで、数々の国際的な布置図を作成してきましたが、日本と北欧諸国が同じゾーンに位置するのはとても珍しいことです。教育や福祉の基本的性格が、日本は「私」型、北欧は「公」型なので、両者は対峙することがほとんどなのですが、次頁の図（図13-1）では仲良く近隣に位置しています。

　北欧は教育にカネを使う社会で、大学の学費も原則無償。よって、図から分かるように、ライフチャンスの階層的規定性は現実面でも大きくはないように思えますが、日本については、そうは思えません。

　ご存じのように、教育費はバカ高。教育の機会均等を具現する策である奨学金も、実質ローン（それも有利子が大半）。教育にカネを使わない社会だからです。私の感覚では、図の真ん中辺りに位置づいてもいいのではないかと思ったりしますが、そうなっていません。

　日本の特異性が分かる図を作ってみましょう。図13-2は、公的教育支出額の対GDP比と、「出世に際して裕福な家庭に生まれることは重要だ」の回答比率の相関図です。双方が分かる26か国のデータをもとに作成しています。

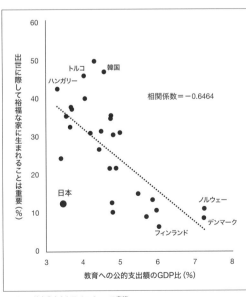

図13-2　教育費支出とライフチャンス意識
横軸は2013年のデータである。
「Social Inequality IV - ISSP 2009」OECD「Education at Glance 2016」より作成。

　教育費支出が多い国ほど、ライフチャンスの階層的規定性を感じる国民が少ない傾向にあります。相関係数は-0.6464であり、1％水準で有意です。教育は、社会移動（social mobility）の重要な経路ですので、さもありなんです。

　しかし日本は、傾向から外れた所に位置しています。教育費支出が最下位にもかかわらず、ライフチャンスの階層的規定性に対する意識が薄い。そういう奇異な社会です。誤謬があるかもしれませんが、(b)お上にとって都合のよい事態になっている

といえるでしょう。

　最近、教育と貧困・格差の問題がメディアで多く取り上げられ、この問題への関心が高まってきました。日本でも、ライフチャンスは「生まれ」によってかなり制約されているのではないかと。図の縦軸は2009年、今から7年も前のデータですが、近年では、日本ももっと上に位置しているでしょうか。そうでなければなりますまい。

　最初の図では、日本と北欧諸国が近隣にありますが、2つ目の図では両者が乖離している。この事実から、(c)社会の怠慢が巧みに隠蔽されている、日本の病理が見て取れるように思います。（以下略）

◆ 内容確認

　本文を読んで、以下の質問に答えてください。

(1) 下線部 (a) の「属性主義」とは、どのようなものですか。

(2) 著者は、日本が図13-1の左下に布置されることについて、どのように考えていますか。そして、なぜ、そのように考えているかを簡潔にまとめてください。

(3) 下線部 (b) の「お上」とは、日本政府を指しています。下線部 (b) は、どのような意味ですか。本文の内容を踏まえて、自分の言葉で説明してください。

(4) 下線部 (c) の「社会の怠慢」とは、何を指していますか。本文の内容を踏まえて、自分の言葉で説明してください。

◆ 話し合い

(1) あなたの国は上の二つの図のどこに位置していますか（または、位置していると思いますか）。それについて、どう思いますか。

(2) 著者は、教育に対する日本人の認識と、日本の教育の現実がかけ離れていることを指摘しています。その理由はどこにあると思いますか。

2. 表現と練習

> 目標：問題点を指摘し、解決策を提示する。

◆ | Model |　表現に注目して読んでみよう

　日本の大学入試制度には様々なタイプがあるが、入学志願者に対して一斉に行われる共通テスト（一次試験）と、大学別に実施される二次試験という二つの試験によって行われることが多い。共通テストに対しては、これまで、受験生の思考力ではなく、知識の有無を測る知識偏重の試験であるとの批判が相次ぎ、問題の解決のために記述式問題を導入することが議論**されてきた**。しかし、記述式問題の場合、厳格な採点基準を設けたとしても、採点者により結果にばらつきが生じることは避けられない。文部科学省のホームページによれば、この問題を解決するために、多人数採点システムの導入も検討され**てきたが**、公平性に関する懸念は払拭できず、2022年現在、記述式問題は導入され**ていない**。試験の公平性を保ちながら記述式問題を導入する方法はないのだろうか。

　現在、年に一回実施している共通テストを複数回実施す**ることは、解決策の一つになると考えられる**。多人数採点システムの導入に加え、共通テストを複数回実施し、その点数を合算するようにすれば、採点結果のばらつきを抑える**ことができる**。理論上は、受験回数を増やせば増やすほど、ばらつきは減っていくからだ。さらに、テストの複数回の実施は、体調不良や交通機関の乱れなどによって落ち着いて試験を受けられなかった受験生への救済策ともなり、より広い意味での公平性を確保する手段となり得る。

〈参考文献〉

文部科学省「令和元年12月17日（火）萩生田文部科学大臣の閣議後記者会見における冒頭発言」文部科学省ホームページ

　　https://www.mext.go.jp/content/20191217-mxt_kouhou01-000003280_2.pdf（2021.3.15参照）

◆ 構成

現状を述べ、問題が解決されていないことを述べる。解決策を提示する。解決策によって見込まれる効果や変化を述べる。

◆ 表現

表現１　現状を述べ、問題が解決されていないことを述べる。

Ｖて きた。 Ｖて いる。	しかし、	a. （物が） Ｖ（自）て／Ｖ（他）受身形て いない。 a'. （物が） Ｖて おらず、 ～ 。 b. （人／組織が） Ｖ可能ない形 ずにいる。

※表現1のaは、出来事のみを述べる述べ方です。bは、文中に動作主（動作をする人）が存在する述べ方です。

　　a. この問題は、解決に至っていない。
　　　　この問題は、解決されていない。
　　a'. この問題は解決に至っておらず、今後も検討が必要である。
　　　　この問題は解決されておらず、今後も検討が必要である。
　　b. （人／組織が）この問題を解決できずにいる。

Model　共通テストに対しては、これまで、受験生の思考力ではなく、知識の有無を測る知識偏重の試験であるとの批判が相次ぎ、問題の解決のために記述式問題を導入することが議論されてきた。しかし、記述式問題の場合、厳格な採点基準を設けたとしても、採点者により結果にばらつきが生じることは避けられない。文部科学省のホームページによれば、この問題を解決するために、多人数採点システムの導入も検討されてきたが、公平性に関する懸念は払拭できず、2022年現在、記述式問題は導入されていない。

[例1]　日本では、個人の経済的な条件による教育の機会の不平等が存在することが指摘されてきた。しかし、この問題はそれほど**認識されていない**。

[例2]　日本では、個人の経済的な条件による教育の機会の不平等が存在することが指摘されている。しかし、未だに多くの人々がその現実を**認識できずにいる**。

[例3]　近年、親の所得による教育の機会の格差が存在することが報道されている。しかし、この問題はあまり認識されて**おらず**、一般的には、学業の成績は個人の能力と努力によるものだと考えられている。

[例4]　高校を義務教育に含めるべきであるという主張は、すでに数多く提示されてきた。16〜18歳に当たるこの時期は、人格形成という面において重要な意味を持っており、この主張には説得力があると言える。しかし、現状では、その実現に向けた具体的な検討は行われていない。

練習

　次の文を読み、（　）の動詞を適切な形に変えてください。答えが複数あるものもあります。波線部は、自分で内容を考えましょう。

①　日本の小学校では、英語教育の開始年齢の引き下げが進められているが、一方では、年少者に対する外国語教育に精通した英語教師が不足していることが（a.指摘する→　　　　　　　　　　　　　　　）。しかし、この問題に対し、文部科学省は未だ有効な解決策を（b.打ち出す→　　　　　　　　　　　　　　　　　）。

②　高等学校の教員は、授業の準備、進路指導、さらには部活動の顧問までと、正規の勤務時間以外にこなすべき業務が多岐にわたり、残業時間が多すぎると指摘されている。この問題について、文部科学省や地方自治体が対策を取り始めてはいるものの、まだ根本的な解決には（至る→　　　　　　　　　　　　　　　　）。

③ 大学入試のあり方については、その内容や形式をめぐる様々な議論がなされてきたが、未だ合意に（至る→　　　　　　　　　　　）、現在でも議論は進行中である。

④ 日本では、貸与型の奨学金を使って大学に進学する若者が大勢いる。貸与型の奨学金は、卒業後に返済義務のある事実上のローンであり、卒業後に正規雇用の仕事に就けず、奨学金の返済が滞るという事例が多数報告されている。このような事態を受け、奨学金の在り方についての議論が（a.行う　→　　　　　　　　　　　　　　　）。しかし、b.　　。

表現2　解決策を提示する。

| Vること | は、 | 〜の解決策 | （の一つ） | である | と考えられる。 |
| 名詞句 | | Vる方法 | （の一つ） | になる | と思われる。 |

表現3　解決策によって見込まれる変化や効果を述べる。

Vば、		a. 名詞句 が 〜くなる / 〜になる / V（自）る。
Vること／名詞句 によって、		b. （人が） Vることができる / V（他）可能形る。
Vること／名詞句 で、		

※表現3のaは、出来事のみを述べる述べ方です。bは、文中に動作主（動作をする人）が存在する述べ方です。
　　a. 調査を行うことによって、格差の実態が明らかになる。
　　b. 調査を行うことによって、（動作主が）格差の実態を明らかにすることができる。
※自動詞と他動詞のペアがある動詞は、次のようになります。
　　a. 名詞句 が 減る（自動詞）
　　b. （人が） 名詞句 を 減らす（他動詞）ことができる / 減らせる（他動詞の可能形）

[Model] 現在、年に一回実施している共通テストを複数回実施する**ことは、解決策の一つになると考えられる**。多人数採点システムの導入に加え、共通テストを複数回実施し、その点数を合算するようにすれば、採点結果のばらつきを抑える**ことができる**。

[例5] 日本では、個人の所得や地方自治体の財政に地域間の格差が存在する。首都圏に位置する国立大学を地方に移転する**ことは、地域間の経済格差を解消する方法の一つであると思われる**。国立大学を地方に移転する**ことによって、大学生がその町で生活するようになり、住居や食料品などの需要が産まれ、経済が活性化する**。また、町の知名度が**上がり、企業等の誘致もしやすくなる**。そうした変化が、地域住民の所得向上や地方自治体の税収増加につながり得るのである。

練習

下線部に適切な表現を入れて、文章を完成させてください。

⑤ 地方の小中学校では、日本語教育が必要な児童生徒への日本語教育支援がボランティア

頼みとなっているのが現状で、支援の質に関しても地域間の格差が存在することが指摘されている。外国籍児童生徒の小中学校の就学の義務化a.＿＿＿＿、この問題を解決するための有効な方法b.＿＿＿＿＿＿＿＿＿＿＿＿＿＿＿＿＿。就学を義務化c.＿＿＿＿＿＿＿＿＿＿＿＿＿、外国人児童生徒を支援するための予算が組まれ、日本語教育専門の教員を配置できるからだ。

<u>下線部に、（　）の指示に従って適切な動詞を入れ、文を完成させてください。</u>

⑥ 高校教員の雇用契約の在り方を変えることは、教員の残業時間を減らす方法の一つであると思われる。業務内容を明記した職務記述書を作成し、業務の範囲を明確にすれば、授業から部活動の顧問まで、あらゆる業務が教員に任されるという事態を防ぐことができ、

　　a. 教員の残業時間が（自動詞）＿＿＿＿＿＿＿＿＿＿＿＿＿＿＿＿＿。

　　b. 教員の残業時間を（他動詞の可能形）＿＿＿＿＿＿＿＿＿＿＿＿＿＿＿。

⑦ 年少者を対象とする英語教育の教員資格を創設することは、小学校における英語教師の不足を解消する方法の一つであると考えられる。資格を創設すれば、それを取得するために年少者に特化した英語教育について学ぶ人が増え、

　　a. 結果的に専門的な知識を備えた英語教員が（自動詞）＿＿＿＿＿＿＿＿＿からだ。

　　b. 結果的に専門的な知識を備えた英語教員を（他動詞の可能形）＿＿＿＿＿＿＿＿＿からだ。

<u>下線部に適切な表現を入れて、文章を完成させてください。</u>

⑧ 　知識の伝達を重視してきた学校教育を、子どもの思考力を育成する教育に変えていくことの重要性は広く認識されている。近年、教育現場でも様々な取り組みがなされているが、それでもやはり、知識偏重から抜け出せていないのが現状である。抜本的な教育の転換のためには、何が必要なのだろうか。

　　試験のあり方を変えることは、a.＿＿＿＿＿＿＿＿＿＿＿＿＿＿＿＿＿＿＿。試験のあり方を変えれば、具体的な教育のあり方もそれに合わせて自ずとb.＿＿＿＿＿＿＿＿＿＿。知識を覚えたかを問うテストから、思考の論理性と独創性を評価するテストにするc.＿＿＿＿＿＿＿＿、教育のあり方も、子どもたちの考える力を育成することに重点を置くものへとd.＿＿＿＿＿＿＿＿＿だろう。

◆ やってみよう

　次の表1は、義務教育の画一性を改善する方法をまとめたものです。表1の内容を参考に、下の「日本の義務教育が画一的である」という問題について書かれた文章の続きとして、解決策と、その解決策によって見込める効果を書いてください（既に書いてある部分を除いて200～400字）。

表1　義務教育の画一性を改善する方法

改善方法	見込める効果
・必要最低限の教科のみを必修とし、選択科目を大幅に増やす。	・学びたい科目を生徒に選ばせることで一人ひとりの個性を育てることができる。 ・一人ひとりが異なる学習内容を学ぶことで、社会の多様化につながる。
・一方的な知識の詰込みではなく、調べ学習や発表などを積極的に取り入れ、一つのテーマについて深く学べるようにする。	・主体的に考える力を育てることができる。

　日本の義務教育では、文部科学省の「学習指導要領」に基づいて各教育機関がカリキュラムを編成することになっており、一般的にどの教育機関でも、教科の種類と内容、時間配分などに関する大きな違いは見られない。しかし、このような画一的な教育政策は、現代社会の実情には合わなくなりつつある。新しい情報技術を使った犯罪に法律が対応できない、国を超えた人々の移動によって国家の社会福祉から取り残される人が生まれるといった前例のない変化が様々な領域で起きている。このような時代においては、いわゆる「常識」に囚われず、身の回りの問題を様々な角度から考え、創造的に解決に挑む力が求められる。そのような力を育てるためには、多様性や柔軟性に重きを置いた教育へのシフトが必要であると言えるだろう。時代の変化に合わせた教育改革の重要性は識者の間で広く認識されているものの、具体的な改革の実行には至っていない。では、多様性と柔軟性を育てる教育は、具体的にどのように実現できるのだろうか。

（罫線の空白解答欄）

3. 課題

Model を参考にして、経済的格差による教育機会の不平等について、問題点を指摘し解決策を提案する文章を作成してください（400〜600字）。まず、読み物1「［受験］生まれが「モノ」をいう社会」の内容を引用し、経済的格差による教育機会の不平等の現状を述べ、問題が解決されていないことを指摘します。次に、解決策を提案し、解決策によってどのような効果が見込まれるか書いてください。最後に、読み物1の書誌情報を参考文献として記載してください。

 課題作成用のワークシートを本書webサイトよりダウンロードできます。

6-1-2 ▶ 読み物2＆表現

読む前に	• 子どもの頃、どんな習い事をしましたか。それは現在のあなたに何か影響を与えていますか。 • 日本では、小学生の子どもを持つ親が、塾や習い事などに、1年間どのくらいの金額を支出していると思いますか。

1. 読み物

なくせ、放課後の学び格差　学校外教育にクーポン　千葉市

『日本経済新聞』2019.05.28（日経速報ニュースアーカイブ）

　千葉市は子どもの貧困対策を強化する。今夏から、低所得者層向けに学習塾や習い事の費用を月1万円のバウチャー（利用券）で助成する制度を始める。親の経済力で子供の学習機会に格差が生じないようにすることが狙いだ。事業の原資は個人から市への寄付金で賄う。まずは3年間の実施を予定し、その後の事業継続は利用状況の検証などを踏まえて決める。

　教育バウチャーとは、教育に使用目的を限定した「クーポン」を子どもや保護者に直接支給し、家庭の学費負担を軽減する政策だ。生活困窮世帯に現金を給付しても教育費に使われるとは限らないのに対し、バウチャーであれば、各世帯で確実に教育費として支出される。

　千葉市が8月から開始する「学校外教育バウチャー事業」は、市内在住のひとり親かつ生活保護受給世帯の小学5～6年の児童に月額1万円相当のクーポン券を提供する。定員は90人（各学年45人）。7月5日まで受給を希望する世帯を募集し、定員を超えた場合は抽選とする。

　対象になる教育サービスには学習塾や家庭教師のほか、水泳やピアノなどの文化・スポーツ活動も加えた。生活困窮世帯の子どもたちの中には、同級生と同じように学ぶ機会が持てないことで自信を無くすケースも少なくない。市こども家庭支援課は「自己肯定感の向上や生活習慣などの改善が期待でき、将来的な自立につながる」と話す。

　市によると、同様の取り組みは南房総市に次いで2例目となる。市内には受給対象となる児童が約180人いるとみられ、千葉市は今月から、ひとり親世帯や生活保護世帯向けに事業の通知を始めた。

　今回の事業は市内の70代の男性が2016年に「ひとり親家庭の支援に使ってほしい」と同市に寄付した4千万円を原資とする。公金を使わずに3年間実施した後は、

企業や個人からの寄付やふるさと納税制度の活用などを検討している。

　市は4千万円の寄付金がなくなる4年目以降も「家庭の格差を埋めていく事業」（熊谷俊人市長）として継続したい考えだ。年度末には受給世帯の保護者や児童のほか、学習塾などクーポン券の利用先も対象にアンケートを行う。クーポン券配布による学習状況や生活状況の改善効果を確認し、4年目以降の事業継続に向けた課題などを検証する方針だ。

■ 所得格差　教育投資に影響

　日本の家計における教育支出のうち、学校外教育の占める割合は大きい。文部科学省の「子供の学習費調査」によると、公立に通う小学生の学校外活動費（年間）は21万7826円、中学生は30万1184円、高校生は17万4871円で、小中学生では学習費の総額の6割を超える。

　家計の教育投資は所得水準の影響を受けやすく、所得格差が教育投資格差につながる側面は否定できない。千葉市が8月から始める「学校外教育バウチャー制度」が普及すれば、低所得家庭の子どもも公立学校に通いながら希望する教育を追加的に受けられるようになる。

　クーポン券の発行などの実務は、公募で選定した公益社団法人「チャンス・フォー・チルドレン」（東京・江東）に委託する。同団体は民間からの寄付を財源として東日本大震災の被災生徒らにクーポン券を配布するなどの実績がある。

　千葉市との調整役を担う仙台事務局の吉岡新さんは「一人ひとりの子どもが興味を持ったことに挑戦できる環境を整えるため、スポーツや文化活動なども含めて利用先の選択肢を広げることが重要だ」と話す。

◆ 内容確認

　本文を読んで、以下の質問に答えてください。

（1）教育バウチャーが、現金を配るよりもよいと考えられるのは、どうしてですか。

（2）記事によれば、小学5〜6年の児童がクーポン券を受給するには条件があります。クーポン券を受給できる児童は、次のa、b、cのうちどれですか。
　　　a. 市内在住で、生活保護を受給している世帯の児童
　　　b. 市内在住で、両親がどちらか一人しかいない世帯の児童
　　　c. 市内在住で、両親がどちらか一人しかいない、生活保護を受給している世帯の児童

（3）この千葉市の「学校外教育バウチャー事業」の財源は寄付金です。寄付金がなくなったら、千葉市はこの事業をどうしたいと考えていますか。

(4) 本文の内容をふまえて、学校外教育バウチャー事業の目的を自分の言葉でまとめてください。

◆ 話し合い

(1) あなたは千葉市の学校外教育バウチャー事業をどう評価しますか（優れている点だけでなく、問題点や改善点がないか考えてみましょう）。

(2) あなたの国には、経済的な理由で教育環境に恵まれていない児童を支援する制度や仕組みがありますか。その制度や仕組みの優れている点は何ですか。また、問題点は何ですか。

2. 表現と練習

目標：予想される反論を提示し、反論を受け止めた上で反駁し、自分の主張をまとめる。

◆ Model 表現に注目して読んでみよう

（6-1-1 の続き）

　一方で、テストを複数回実施することに対しては、学生の負担増につながりかねないという反論が予想される。確かに、ある程度の負担の増大は避けられない。長時間にわたる試験は、精神的にも肉体的にも負担であり、試験の回数が増えれば、受験生の負担も増える。しかし、複数回の受験によって、1回限りであることから生じる極度のストレスや不安を分散できると考えることもできる。「もし失敗しても、もう一度チャンスがある」と思えば、受験生も必要以上に緊張せずに試験に臨めるのではないだろうか。

　このように、共通テストの複数回の実施は、試験の公平性を保ちながら記述式問題を導入できる方法であるだけでなく、受験生のストレスを軽減する手段にもなり得る。もちろん、受験生や試験を実施する側の負担の増加という懸念はあり、実施の時期や予算の問題など、考えなければならないことも多い。しかし、受験生の思考力を測る公平な試験を実施するという目的を考えれば、検討する価値は十分あると言えるだろう。

◆ 構成

予想される反論を提示する。反論を受け止めた上で反駁する。自分の主張をまとめる。

◆ 表現

表現1　予想される反論を提示する。

　　　　$\boxed{\sim〔主張〕}$ 。一方で、$\boxed{これ／\sim名詞}$ に対しては、$\boxed{\sim}$ という反論が予想される。

※予想される反論は、「自分の意見ではない」と明確にわかるように、このような表現を使います。

表現2　反論を受け止めた上で反駁する。

　　　　確かに、$\boxed{\sim〔反論を受けとめる〕}$ 。しかし、$\boxed{\sim〔反駁〕}$ 。

Model　（大学共通テストを複数回受験できるようにすべきである。）**一方で、**テストを複数
　　　　回実施すること**に対しては、**学生の負担増につながりかねない**という反論が予想さ
　　　　れる。確かに、**ある程度の負担の増大は避けられない。長時間にわたる試験は、精
　　　　神的にも肉体的にも負担であり、試験の回数が増えれば、受験生の負担も増える。
　　　　しかし、複数回の受験によって、1回限りであることから生じる極度のストレスや
　　　　不安を分散できると考えることもできる。「もし失敗しても、もう一度チャンスが
　　　　ある」と思えば、受験生も必要以上に緊張せずに試験に臨めるのではないだろうか。

[例1]　教育格差の是正のためには、低所得世帯の児童へのより手厚い支援が必要だと言え
　　　　る。**一方で、これに対しては、**今の厳しい国の財政状況では、財源を確保する余裕
　　　　がない**という反論が予想される。確かに、**いかにその財源を捻出するかは難しい問
　　　　題である。**しかし、**子どもたちへの教育が国の将来への投資であると考えるなら、
　　　　教育支援は他を犠牲にしてでも優先すべきことだと言えるだろう。

練習

　下線部に適切な表現を入れて、文章を完成させてください。

① 　子どもたちの柔軟な思考力を育てるためには、義務教育のカリキュラムを各教育現場の
　　判断で変更できるようにする必要がある。一方で a.＿＿＿＿＿＿＿＿＿＿＿＿＿、義務教
　　育で扱われている内容は子どもの健全な発達のために必要最低限のものであり、欠かす
　　ことはできないという反論が予想される。b.＿＿＿＿＿、現行のカリキュラムの教科と
　　内容は重要である。c.＿＿＿＿＿、現行のカリキュラムが、「一人前の社会人になるた
　　めには、これこれの知識と能力が必要だ」という「望ましい人間と社会の在り方」に関
　　する特定の観念を子どもたちに植え付け、既成社会の信念と秩序を再生産する機能を果
　　たしているという事実は、十分に認識されていない。

表現3　自分の主張をまとめる。

　〜　〔主張と予想される反論と反駁〕 。このように、　〜　。

Model　このように、共通テストの複数回の実施は、試験の公平性を保ちながら記述式問題を導入できる方法であるだけでなく、受験生のストレスを軽減する手段にもなり得る。

練習

　次の文章を読み、波線部に主張をまとめる文を入れてください。

②　　日本の義務教育は小学校からで、幼稚園や保育園は義務教育の範囲に含まれてない。そのため、幼稚園にも保育園にも通っていない未就園児が一定数いることが指摘されている。福山（2019）によれば、未就園児は貧困世帯や外国籍の家庭に多く、小学校入学前に集団生活を経験していないために、入学後のスタートでつまずきやすいという。この問題を解決するためには、幼児教育を義務化する必要がある。幼児教育が義務化されれば、すべての子どもが小学校入学前に集団生活を経験することができ、入学後に生じる不適応の問題を軽減できる。

　　一方で、この主張に対しては、現状の教育環境で義務化は不可能だという反論が予想される。幼児教育を義務化するには、小中学校のように全国統一のカリキュラムで一定の教育の質を担保する必要があるが、それには人手も設備も不足しているという反論である。確かに、幼児教育を義務化するのであれば、ある程度の教育内容の統一は必要である。しかし、義務化の第一の目的は、未就園児をなくし、経済的状況や国籍による不平等を改善することであり、カリキュラムの統一はその後からでも遅くない。義務化が実現すれば、恵まれない境遇の子どもに行政の支援が届くようになるのである。

　　このように、＿＿＿＿＿＿＿＿＿＿＿＿＿＿＿＿＿＿＿＿＿＿＿＿＿＿＿＿＿＿＿＿＿

＿＿。

〈参考文献〉

福山絵里子「「無園児」社会から置き去り、3歳超え未就園の子、初の本格調査、貧困層・外国人多く（真相深層）」『日本経済新聞』2019年7月6日　朝刊

◆説得力のある反駁の書き方

練習

　次の文章は、日本の小学校における英語教育の開始年齢についての主張と、予想される反論を述べたもので、その下の「反駁」A〜Cには、予想される反論に対する反駁の例を示しています。それぞれがしっかり反駁できているか考えてみましょう。

日本では、2020年度より、以前は小学5年生からであった英語の授業を小学3年生から始めることになった。年齢が低いほど外国語の習得が容易であることから考えれば、これは妥当な判断であると言える。早いうちに学習を開始すれば、自然な発音を身に付けることができ、少ない労力で英語を習得できるからである。英語は、進学の際にも就職の際にも役に立つ言語であり、低学年から学ぶことは子どもの利益につながる。

　一方で、これに対しては、母語の習得に悪影響が生じるという反論が予想される。母語の習得が終わっていない低学年が英語を学習することによって、語彙や文法に混乱が生じるという懸念である。確かに、低学年から英語を学ぶことで二つの言語を混ぜて話したり、否定疑問文の応答の「はい」と「いいえ」を間違えたりするなど、両言語で異なる点については混乱する可能性もある。

反駁

A　しかし、英語は国際語として役に立つ言語である。ほとんどの児童が将来、受験や仕事で英語を使う機会があることを考えるならば、習得の容易な低学年から学習の機会を提供するべきである。特に発音の習得を考えれば、年少のうちに学習するのが最善である。したがって、低学年から英語を学ばせるのは適切な判断であると言える。

B　しかし、教師が児童の言語発達や、両言語の違いについて熟知していれば、混乱は回避できる可能性が高い。言語習得のどの段階で、どのような混乱が起きやすいかに留意して指導を行えば、混乱は最小限にとどめることができると思われる。したがって、低学年から英語を学ばせるのは適切な判断であると言える。

C　しかし、そのような影響が全ての児童に出るわけではない。一部の児童に混乱が見られるという短所と、誰もが平等に英語を学ぶ機会を得るという長所を比較すれば、後者のほうが重要であると言える。誰もが年少のときに英語を学ぶ機会は、義務教育でしか提供できないからだ。親の経済力による教育機会の格差が問題となっている今、低学年から英語教育を行うことは、そのような格差を是正する役割も果たす。したがって、義務教育で低学年から英語を学ばせるのは適切な判断であると言える。

◆ やってみよう

　次の表1は、小学校における英語教育の開始年齢の引き下げに対する賛成意見と反対意見をまとめたものです。表1の内容を参考にして、反対意見を述べた下の文章の続きを作成してください（既に書いてある部分を除いて250〜450字）。まず、予想される反論を書き、反駁を述べた上で、主張をもう一度まとめてください。

表1　小学校における英語教育の開始学年の引き下げに対する意見

賛成	反対
・英語は国際語として使われており、全ての子どもにとって英語の習得は必須である。 ・外国語の習得は年齢が低いほど容易である。 ・自然な発音を習得できる。 ・義務教育であるため、平等に英語学習の機会を提供できる。	・他の必須教科の教育のための時間が減る。 ・全ての子どもが流暢な英語話者になる必要はない。 ・英語をコミュニケーションの手段ではなく、学習と評価の対象として扱うことにより、英語学習に対する興味が失われる。 ・そもそも授業の外で英語を使う機会がない環境で、週に数時間の授業を受けても効果は期待できない。

　　日本では、2020年度より、以前は小学5年生からであった英語の授業を小学3年生から始めることになった。これは、英語の早期導入がリキュラム全体に与える影響を十分に考慮していない性急な判断であったと言わざるを得ない。小学校の学習時間は限られており、英語を導入すれば、その分、他の教科の時間を減らさなければならない。小学校の低学年は、読み書きや計算といった誰にとっても必要な基礎的な学力を身に付ける時期である。現在のカリキュラムは、子どもの成長と発達段階を考慮して綿密に練られたものであり、その一部が削られただけでも、中学校や高校を含めた教育カリキュラム全体に影響が生じる。

　　一方で、この主張に対しては、_____
_____
_____
確かに、_____
しかし、_____
_____
このように、_____
_____
_____

3. 課題

　6-1-1の課題では、経済的格差による教育機会の不平等という問題に対する解決策を提案する文章を書きました。その続きとして、予想される反論と反駁を述べ、自身の主張をまとめる文章を書いてください（300〜500字）。Model を参考にして書きましょう。

　　課題作成用のワークシートを本書webサイトよりダウンロードできます。

6-2 効果的な引用の用い方

> 目標：引用を効果的に用いたレポートを作成できるようになる

1. 効果的な引用の用い方

◆ どのように引用を用いるか

　これまで本書の「レポートの作成の階段」では、引用の仕方を学んだ上で、論証型のレポートと調査報告型のレポートを作成してきました。今回は、効果的な引用の用い方について学びます。

　これまでの練習では主に新聞記事やホームページの情報を引用してきましたが、卒業論文では先行研究からの引用が中心になります。「これまでの研究では、こういうことが述べられてきた。しかし、先行研究では明らかにされていないことがあるため、それを明らかにする」、または、「先行研究では説明できない現象があるため、新たな主張をする」というように論が展開していきます。

　ここでは、卒業論文などを書く前の段階の練習として、新聞や官公庁のホームページの情報、書籍などを情報源として用いた複合型（調査報告型＋論証型）のレポートにおける引用の用い方を確認します。引用の主な目的は、大きく以下の二つに分けられます。

　　・現状の説明や、問題の所在の情報源として用いる。
　　・自分の主張を支持する証拠として用いる。

◆ 引用を入れたレポートのアウトラインのサンプル

　次に、複合型のレポートのアウトラインを見ながら、どのように引用が用いられるか確認していきましょう。以下のアウトラインでは、効果的な引用の方法を学ぶという目的のために、引用の部分を詳しく示していますが、実際のレポートでは、自分の文章が「主」、引用が「従」になるようにする必要があります。引用をしたら、丁寧に自分の言葉でまとめながら論を進めます。

タイトル	小学校における外国語活動の言語選択 ―英語偏重からの脱却を目指して―
はじめに	**1. はじめに** ・背景説明 　－ 日本の小学校では、外国語として英語を教えている。 　－ 現在（2022年度）、小学校3、4年生の「外国語活動」の時間、 　　5、6年生の「外国語」という教科で英語を扱っている。 ・問題提起 　小学校の外国語活動の目的から考えて「外国語＝英語」は妥当だと言えるのか。小学校では外国語としてどのような言語を扱うべきか。 ・目標規定文 　本レポートでは、小学校の外国語活動における言語選択の問題について論じる。文部科学省が定めた外国語活動の目的と日本国内の外国人の国籍の割合から見て英語が最適かどうかを検討する。さらに英語だけを扱う問題点を指摘した上で、小学校の外国語教育において地域住民の言語を扱うのが望ましいという結論を導く。
本論	**2. 小学校における外国語活動の概要と目的** 　－ 日本の義務教育は、文部科学省が作成する学習指導要領に基づいて行われる。（以下引用） 　　現在（2022年度）、小学校3、4年生で外国語活動の時間、5、6年生で外国語という教科が設けられている。 　－ 外国語活動の目標 　　外国語によるコミュニケーションにおける見方・考え方を働かせコミュニケーションを図る素地を作る。 　　(1) 外国語の音声や基本的な表現に慣れ親しむ。 　　(2) 外国語で自分の考えや気持ちを伝えあう力を養う。 　　(3) 異文化に対する理解を深め外国語でコミュニケーションする態度を養う。 　－ 外国語を聞く・話す活動では英語を取り扱うことを原則とする。 　→ 外国語活動の目的は、外国語に親しみ、異なる文化の人とコミュニケーションしようとする人になること。なぜ英語なのか。 **3. 小学校教育における「外国語」は「英語」でよいのか** 　－ 日本国内の外国人 　　国・地域別在留外国人数（引用）

文部科学省
『小学校学習指導要領』
背景説明として外国語活動の概要と目標を引用。

出入国在留管理庁
身近な外国人の言語は英語だけではないという証拠として引用。

（1位中国、2位ベトナム、3位韓国、4位フィリピン、5位ブラジル）

日本語指導が必要な児童（外国籍・日本国籍）の使用頻度の高い言語（引用）

（1位ポルトガル語、2位中国語、3位フィリピノ語、4位日本語、5位スペイン語）

→ 身近にいる外国人の多くは英語の母語話者ではない。

－ 英語だけを扱うことの問題点

英語だけを扱うことは、英語優越主義を助長する。

英語優越主義：「他の個別言語と比べて、英語がコミュニケーションの手段という点で優越している」という考え。（引用）

> 文部科学省
> （2022）
> 身近な外国人児童の言語も英語だけではないという証拠として引用。

> 大津・鳥飼
> （2002）
> 英語優越主義の定義を引用。

4. 外国語活動で扱うべき言語

本論

－ 文部科学省は、「小学校の外国語活動は原則英語」という方針を廃止し、「地域ごとに、その地域に住んでいる外国人の言語を扱う」に変更すべきである。地域の住民とその住民の言語でコミュニケーションすることは、外国語活動の目的に合う。

－ 世界の多様性を小学校で教育し、異質なものへの寛容な心を育てることが肝心。（引用）

－ 地域の外国人が外国語教育のサポーターとして参加できる →地域における異文化交流の活性化。

－ 同じ学校にいる外国人児童への理解が深まる。

－ 地域住民の言語を複数扱えば、英語優越主義に陥ることもない。

> 大津・鳥飼
> （2002）
> 自分の主張を支持する意見として引用

5. 予想される反論と反駁

・予想される反論

－ 英語は世界共通語であるから低学年から学習して習得すべきだ。

・反駁

－ 小学校の外国語活動の目的は、英語の習得ではない。

－ さらに、英語を仕事で使うのは就労者全体の1割程度、幅を持たせても数％〜40％と言われている。（引用）

全員が英語話者になることを目指すより、身近な多文化に触れる方がより健全な社会を作れる。

・予想される反論

－ 大学共通テストに英語があるから、英語を扱ったほうが良い。

> 寺沢（2013）
> 自分の主張を支持するデータとして引用。

本論	・反駁 − 大学共通テストでは他の外国語が選択可能。（引用） 試験制度は人間が作るもの。外国語活動で扱った言語の試験を追加していけばいい。
結び	6. 結び − 日本の小学校の外国語活動における言語選択の問題について論じた。 − 外国語学習の目的が「外国語と異文化に親しむ」であることと、日本にいる外国人の国籍の割合から考えると、外国語を英語に限定する必要はない。また、英語だけを扱うことは、英語優越主義を助長する。 − 外国語活動の時間に地域の外国人の言語を扱い、彼らと交流することは外国語活動の目的にも合い、相互理解にもつながることから、外国語教育では地域住民の言語を扱うべきである。

> 大学入試センター（2022）自分の主張を支持する事実として引用。

〈参考文献〉

大津由紀雄・鳥飼久美子（2002）『小学校でなぜ英語？―学校英語教育を考える―』岩波書店

出入国在留管理庁「在留外国人統計（旧登録外国人統計）22-06-01-1国籍・地域別　在留資格（在留目的）別在留外国人」e-Stat

　　https://www.e-stat.go.jp/stat-search/files?tclass=000001048670&cycle=1&year=20220&month=12040606

大学入試センター（2022）「令和5年度大学入学共通テスト実施要項」

　　https://www.dnc.ac.jp/kyotsu/shiken_jouhou/r5.html（2022.6.18参照）

寺沢拓敬（2013）「「日本人の9割に英語はいらない」は本当か？―仕事における英語の必要性の計量分析―」『関東甲信越英語教育学会誌』27　関東甲信越英語教育学会　pp. 71–83

文部科学省『小学校学習指導要領（平成29年告示）』文部科学省ホームページ

　　https://www.mext.go.jp/content/1413522_001.pdf（2022.6.18参照）

文部科学省（2022）『日本語指導が必要な児童生徒の受入状況等に関する調査結果について』

　　https://www.mext.go.jp/content/20221017-mxt_kyokoku-000025305_02.pdf（2022.2.9参照）

2.レポートを書いてみよう

　「教育に関する問題」を一つ取り上げ、解決策を提案するレポートを書いてみましょう（1,600～2,400字）。必ず一か所以上、引用を入れてください。

◆ 話し合ってみよう

❶ ブレーン・ストーミング

　あなたの国、または、日本の「教育に関する問題」には、どのようなものがありますか。グループで出してみましょう。あなたが「教育のこういう点を変えたい」と思うことでも構

いません。

〈メモ〉

---

❷ 解決策を考えてみる

　グループで出た問題について、それぞれ、どのような解決策を取り得るかを話し合ってみましょう。

〈メモ〉

◆ **書いてみよう**

❸ 問いを立て、内容を考える

　❷で出た問題の中に、解決策を提案できそうなものがありますか。ここでは、問題の解決または軽減のために、「誰が何をするのか」が明らかな解決策を提示するレポートを書きます。各自、問いを立て、その答えとして解決策を考えてください。そして、予想される反論と反駁も書いてみましょう。

問い：

解決策：

予想される反論：

反駁：

❹ タイトルを付け、アウトラインを作成する

　タイトルを付けてアウトラインを作成してみましょう。引用個所には（引用）と書いてください。まず、下の❺の〈確認表〉を見て、どのような内容のレポートが求められているか、確認してください。

タイトル	
はじめに	・背景説明 ・問題提起 ・目標規定文 本レポートでは、（a　　　　　　　　　　　　　） について論じる。（b　　　　　　　　　　　　　） を考察し（c　　　　　　　　　　　　　） という結論を導く。
本論	・
結び	

❺ レポートの作成

　作成したアウトラインを基にレポートを作成してください。書き終えたら、〈確認表〉の「自己評価」の欄を記入してください。

📥 レポート作成用のワークシートを本書webサイトよりダウンロードできます。

〈確認表〉　よくできた◎　できた○　もう少し△　残念×

		項目	自己評価	記入者氏名		
はじめに	1	問題提起の文（レポートの問い）がある。				
	2	目標規定文がある。				
本論	3	問いに対する明確な答えがある。				
	4	解決策により、どのような過程を経て問題が解決するかが、丁寧に説明してある。				
	5	予想される反論が反論であるとわかるように書いてある。				
	6	予想される反論に対して、適切な反駁が書いてある。				
結び	7	「まとめ」が目標規定文と対応している。				
引用	8	一か所以上引用があり、最後に参考文献が記載されている。				
	9	どこからどこまでが引用かわかるように書いてある。				
	10	引用個所と参考文献を結ぶことができる。				
	11	参考文献リストに必要な項目が書いてある。				

6-3　レポートを読み合う

> 目標：1. クラスの人のレポートの概要を書き出し、骨子を把握した上でコメントを述べる。
> 　　　2. もらったコメントを参考に、レポートを修正する。

　6-2では、引用を入れたレポートを作成しました。今回も、クラスの人とレポートを読み合い、コメントを述べ合いましょう。今回も前回に引き続き、他の人のレポートを読み、概要を書き出してみることで、レポートの骨子とその論理性を把握することを目指します。概要を把握する練習を繰り返すことで、論理性という観点から文章を見る力が付きます。概要を書き出し、主張とその根拠に説得力があるか（具体的には、提案された解決策が効果的であるか、予想される反論に適切に反駁できているかなど）を検討してコメントを述べましょう。

　活動の後は、もらったコメントを基にして自分のレポートを修正し、より良いレポートを目指します。

◆ 概要を書き出し、コメントを準備する

❶ 概要を書き出す

　レポートを読み、概要を書き出しましょう。この概要は自分の理解のためのものですから、文章をそのまま写すのではなく、自分にとってわかりやすい簡潔な言葉でまとめてください。作成の際には、良いと思った点、わかりにくいと感じた点などもメモしておきましょう。

問い	
答え	
論証（なぜその答えか）	

※問いと答えが複数ある場合は、複数書き出します。

❷ コメントを述べ合う

　もう一度、レポートを読み、〈確認表〉に記入します。〈確認表〉と作成した概要を基に、コメントを準備しましょう。提案された解決策は、効果が見込まれるものだと思いましたか。その点も、コメントしましょう。メモは、自分のためのものです。

〈メモ〉

```



```

◆ コメントを述べ合い、レポートを修正する

❶ コメントを述べ合う

・まず、グループで司会者を決めてください。

・司会者は、〈確認表〉の項目に沿って話し合いを進めます。最後に、自由に意見や感想を述べる時間も取りましょう。

・グループのメンバーは、司会者の指示にしたがって、順番にコメントを一つずつ述べてください。レポートの書き手やグループの人は、コメントに対して質問があれば、質問しましょう。

❷ レポートを修正する

　クラスの人からもらったコメントを基に、自分のレポートを修正してみましょう。質問があったところに説明を加えるなど、読みやすいレポートを目指しましょう。

第 **7** 課

社会と福祉

読む前に
- 人は何のために働くのでしょうか。
- もし政府から生活維持のための十分なお金を毎月もらえたら、人々は働くことを止めると思いますか。

1. 読み物

水説：スイスからの問い

『毎日新聞』中村秀明　2016.06.15（東京朝刊）

〈sui-setsu〉

　社会は混乱するか、それとも安定するか？

　人々は労働意欲をなくし怠けるか、安心してやりたい仕事をするのか？

　深い問題を提起した国民投票が先日、スイスであった。すべての国民が生活に困らないだけの一定額を受け取る「ベーシックインカム（最低限所得保障）」の是非を問うた。

　実現すれば、収入に関係なく大人は月約27万円、子どもは約7万円が政府から支給された。代わりに年金や失業手当、生活保護などはやめ、社会保障制度を簡素にする。

　結果は、財源難や経済の活力低下を心配した反対が7割を超え、否決された。

　ベーシックインカムの考えは19世紀に始まるが、格差や失業、貧困が改めて問題化し、注目を集めている。

　スイスの国民投票は、市民団体が10万人の署名を集めて実現させた。狙いは「生き方、働き方への問いかけ」だ。現地で調査した山森亮・同志社大教授（社会政策）に団体幹部はこう語ったという。

　「現在の経済の仕組みでは、多くの人は食べるために働かなくてはならない。仕事とは本来、共同体のため、他の人のため、社会のためであるはずなのに、自分と家族が何とか生きのびるためになってしまった」

　「導入すれば、人は目先の生活の必要から少し離れて、自分が社会のために何ができるのかを見つめ、そのために生きていくことができる」

　労せず金を手にすれば働かなくなり、社会への関心も薄れる。そう考える人には「空疎な理想論」かもしれない。

　だが、興味深い調査結果もある。マイナビが毎年公表する大学生の就職観だ。

　この数年は「楽しく働きたい」と「個人の生活と仕事を両立させたい」に次ぎ、「人のためになることをしたい」が3位だ。今年の結果は、これに「社会に貢献したい」

を足すと、約25％になった。

　現状でも大学生の4人に1人が「人のため」「社会のため」の仕事を望んでいる。彼らに最低限の所得が用意されれば、もっと多くが世の中に深くかかわる仕事や生き方に踏み出すのではないか。

　社会保障制度が行き詰まりを見せ、こうした若者が社会の主役となっていく日本こそ、ベーシックインカムの可能性を論じる意味がある、と思えてくる。

　山森教授は「スイスの問いかけは、長時間労働や生活を犠牲にする考えが根強い私たちにも響くものがある。単なる賛否にとどめず、議論を広げ深める出発点になればいい」と語っている。（論説委員）

◆ 内容確認

　本文を読んで、以下の質問に答えてください。

(1)「ベーシックインカム」とは何ですか。本文の内容を基に自分の言葉で説明してください。

(2) スイスの国民投票において、ベーシックインカムの導入に反対票を投じた人は、なぜ、反対したのですか。

(3) 国民投票を実現させた市民団体の幹部は、ベーシックインカムを導入すると、どのような変化が起きると期待していますか。

(4) 本文の内容から考えると、仕事に対する日本人の考え方はどのように変化してきていると言えますか。

◆ 話し合い

(1) あなたはベーシックインカムの導入に賛成しますか、それとも反対しますか。その理由は何ですか。

(2) 記事には仕事に対する日本人の考え方が変わりつつあることが示されています。あなたの国でも、仕事に対する考え方が変化していると思いますか。

> 目標：政策や制度を詳しく説明する。

◆ Model 表現に注目して読んでみよう

　日本をはじめ多くの国々では、人々の所得に対する課税方式として累進課税制度が導入されている。『日本大百科全書』によると、累進税とは「その税の課税標準の額が大きくなるに伴って、税額の課税標準に対する比率が高くなるような税」を指す。つまり、累進課税とは、所得などが多ければ多いほど、高い税率を適用する課税方式である。

　以下、国税庁のホームページより、日本の累進税についてまとめる。2022年現在、累進課税が適用されている税には、所得税、相続税、贈与税がある。まず、所得税では、所得の金額に応じて最低5％から最高45％までの7段階の税率が設けられている。例えば、年間所得が300万円の人には10％の税率が、年間所得が4,000万円以上の人には45％の税率が適用される。一方、相続税と贈与税に関しては、いずれも最低10％から最高55％までの8段階の税率が設定されているが、実際に適用される税率は贈与税の方が高い。具体的には、1,000万円を譲り受ける際、それが親族などの死亡に伴う相続である場合は10％の税率が適用されるのに対して、贈与の場合は40％の税率が適用される。

　累進課税は、社会における富の再配分を実現する方法の一つとなっている。高所得者に対してより多くの税を課し、低所得者の税負担を軽減することで、所得格差の拡大を緩和し、また、相続税と贈与税に累進課税を適用することにより、親の経済的地位が子へと世襲され、社会経済的な階層が固定化することを阻んでいるのである。

〈参考文献〉

「累進税」『日本大百科全書（ニッポニカ）』Japan Knowledge
　　https://japanknowledge.com（2022.6.11 参照）
国税庁「所得税の税率」国税庁ホームページ
　　https://www.nta.go.jp/taxes/shiraberu/taxanswer/shotoku/2260.htm（2022.6.11 参照）
国税庁「相続税の税率（暦年課税）」国税庁ホームページ
　　https://www.nta.go.jp/taxes/shiraberu/taxanswer/sozoku/4155.htm（2022.6.11 参照）
国税庁「贈与税の計算と税率（暦年課税）」国税庁ホームページ
　　https://www.nta.go.jp/taxes/shiraberu/taxanswer/zoyo/4408.htm（2022.6.11 参照）

◆ 構成

どのような制度があるか述べる。制度を詳しく説明する。

◆ 表現

表現1　どのような制度があるか述べる。

| 〜 | では、| 制度 | が | V（他）受身形て | いる。

[Model] 日本をはじめ多くの国々では、人々の所得や収入に対する課税方式として累進課税制度が導入されている。

[例1]　日本では、2020年度より、高等教育の就学支援新制度が実施されている。

※これは、制度を主語にした受身文です。誰がその制度を制定し実施しているかは明示されないのが普通です。一方、制度を実施する主体が作成する文では、以下の例のように、受身文ではなく能動文が用いられることが多くなります。

　例：美術館により親しんでいただくために、○○美術館では複数の会員制度を設けています。自分のスタイルに合った制度を選び、存分にご活用ください。

練習

（　）の中の動詞を受身形に変えて文を完成させてください。

例：日本では、生活保護制度が（導入する→導入されている）。

①　日本では、1961年より、20歳以上の全国民が公的年金に加入する公的年金制度が（施行する→　　　　　　　　　　　　）。

②　日本では、最低賃金法に基づき、最低賃金が（定める→　　　　　　　　　　　　　　）。

③　日本では、2022年現在、0歳から中学校卒業までの児童に一定の手当を支給する児童手当制度が（設ける→　　　　　　　　　　　　）。

表現2　制度を詳しく説明する

（1）言い換えて説明する。

　　| 〜 |。つまり | 〜 |。

[Model] 『日本大百科全書』によると、累進税とは「税の課税標準の額が大きくなるに伴って、税額の課税標準に対する比率が高くなるような税」を指す。つまり、累進課税とは、所得などが多ければ多いほど、高い税率を適用する課税方式である。

練習

下線部に適切な表現を入れて文章を完成させてください。

④　日本では、生活保護制度が導入されている。厚生労働省のホームページによれば、生活保護制度とは、資産や能力等すべてを活用してもなお生活に困窮する人に対し、困窮の程度に応じて必要な保護を行い、健康で文化的な最低限度の生活を保障し、その自立を助長する制度である。　　　　　　　　、どうしても生活していくことができない場合に、国から生活の支援を受けられるという制度である。

（2）分類を示す。

   a.   名詞句 には、A、B、Cがある。

   b.   名詞句 は、A、B、Cに ｜ 分けられる。
                                   ｜ 分類される。

Model   2022年現在、日本で累進課税が適用されている税**には**、所得税、相続税、贈与税**がある**。

［例2］   日本の自動車運転免許**は**、第一種運転免許、第二種運転免許、仮運転免許**に分けられる**。

練習

  <u>下線部</u>に適切な表現を入れて文章を完成させてください。

⑤ 奨学金には、給付型奨学金と貸与型奨学金_____。

⑥ 奨学金は、給付型奨学金と貸与型奨学金_____。

（3）例を挙げる。

     ～ 。 ｜ 例えば、   ～   。
               ｜ 具体的には、

Model   まず、所得税では、所得の金額に応じて最低5％から最高45％までの7段階の税率が設けられている。**例えば**、年間所得が300万円の人には10％の税率が、年間所得が4,000万円以上の人には45％の税率が適用される。

Model   一方、相続税と贈与税に関しては、いずれも最低10％から最高55％までの8段階の税率が設定されているが、実際に適用される税率は贈与税の方が高い。**具体的には**、1,000万円を譲り受ける際、それが親族などの死亡に伴う相続である場合は10％の税率が適用されるのに対して、贈与の場合は40％の税率が適用される。

〈参考文献〉

厚生労働省「生活保護制度」厚生労働省ホームページ

    https://www.mhlw.go.jp/stf/seisakunitsuite/bunya/hukushi_kaigo/seikatsuhogo/seikatuhogo/index.html

    （2023.3.23参照）

◆ やってみよう

(1) 以下の表1は、国税庁のホームページを参考に、日本の消費税についてまとめたものです。表1を見て、下の文章を完成させてください。

表1　消費税の概要

税目	消費税
概要	商品・製品の販売やサービスの提供などの取引に対して広く公平に課税される税
税金の納め方	間接税 ・納税義務者：事業者 ・税金を負担する人：消費者
税率	標準税率10%
	軽減税率8% 対象品目：・酒類・外食を除く飲食料品 　　　　　・定期購読契約が締結された週2回以上発行される新聞

出典：国税庁「消費税の仕組み」を基に作成

　　日本では、消費税がa.＿＿＿＿＿＿＿＿＿＿＿＿＿＿。以下、国税庁のホームページより、消費税の概要をまとめる。消費税とは、b.＿＿＿＿＿＿＿＿＿＿
＿＿＿＿＿＿＿＿＿＿＿＿＿＿＿＿＿＿＿＿＿＿＿＿＿。つまり、消費者が何かを買ったりサービスを受けたりするたびに支払わなければならない税金である。消費税は間接税である。具体的には、c.＿＿＿＿＿＿＿＿＿＿＿＿
＿＿＿＿＿＿＿＿＿＿＿＿＿＿＿＿＿＿＿。2019年10月1日より複数税率が採用されており、標準税率は10%、軽減税率は8%である。軽減税率の対象品目には、
d.＿＿＿＿＿＿＿＿＿＿＿＿＿＿＿＿＿＿＿＿＿＿＿＿＿＿＿＿＿＿＿＿＿＿
＿＿＿＿＿＿＿＿＿＿＿＿＿＿＿＿＿＿＿＿＿＿＿＿＿＿＿＿＿＿＿。

〈参考文献〉

国税庁「消費税の仕組み」『パンフレット「暮らしの税情報」(令和4年度版)』国税庁ホームページ　https://www.nta.go.jp/publication/pamph/koho/kurashi/index.htm　(2023.3.23参照)

(2) 以下の表2は、文部科学省のホームページを基に高等教育の就学支援新制度についてまとめたものです。表2の内容を読んで下の文章を完成させてください。上の (1) の文章も参考にしてください。

表2　高等教育の就学支援新制度

制度名	高等教育の就学支援新制度
制度の開始	2020年4月
目的	しっかりとした進路への意識や進学意欲のある学生が、家庭の経済状況に関わらず、大学、短期大学、高等専門学校、専門学校に進学できるチャンスを確保すること。
対象者	以下の①から③を満たす者 ①国が認定した大学・短期大学・高等専門学校 (4、5年生)、専門学校に通う学生 ②住民税非課税世帯およびそれに準ずる世帯 ③進学先で学ぶ意欲がある
支援の内容	世帯収入に応じた三段階の基準で以下の④⑤の支援額が決まる。 ④給付型奨学金の支給 ⑤入学金と授業料の減免措置 例：住民税非課税世帯 (年収270万円以下) 　　4人家族〈本人 (18歳)、父 (給与所得者)、母 (無収入)、中学生〉で本人がアパートなど自宅以外から私立大学に通う場合の年間支援額の上限 　　・給付型奨学金 (約91万円) 　　・授業料減免 (約70万円)

文部科学省「高等教育の就学支援新制度」を基に作成

　　日本a._____、2020年4月より高等教育の就学支援新制度がb._____
____。以下、文部科学省のホームページより就学支援新制度についてまとめる。
　　この制度は、しっかりとした進路への意識や進学意欲のある学生が、家庭の経済状況に関わらず大学等に進学できるチャンスを確保することを目的としたものである。c._____、家計の厳しい世帯の学生でも高等教育機関で教育を受けられるよう、国が経済的に支援する制度である。対象者は、国が認定した大学や専門学校などに通う、住民税非課税世帯とそれに準じる世帯である、進学先で学ぶ意欲があるという三つの条件を満たす必要がある。支援の内容d._____、給付型奨学金

の支給と入学金および授業料の減免e._____、奨学金と授業料減免の金額は世帯収入や家族構成などによって決まる。f._____、年収270万以下の4人家族で、自宅以外から私立大学に通う場合は、最大で年間91万円の奨学金が支給され、70万円の授業料の減免を受けることができる。

〈参考文献〉

文部科学省「高等教育の就学支援新制度」文部科学省ホームページ
　　https://www.mext.go.jp/a_menu/koutou/hutankeigen/index.htm（2023.1.28参照）

3. 課題

　以下の表3は、厚生労働省のホームページを基に、日本の公的年金制度についてまとめたものです。以下の情報を用いて、日本の公的年金制度について説明する文章を作成してください（400〜600字）。 Model と「やってみよう」を参考にして書きましょう。制度の説明の途中に自分の意見を入れないように気を付けてください。表3の全ての情報を入れる必要はありません。さらに詳しい情報が知りたい人は、下記の厚生労働省のホームページも参照してください。

 課題作成用のワークシートを本書webサイトよりダウンロードできます。

表3　公的年金制度

制度名	公的年金制度
概要	・若いときに保険料を納め続けると、年を取ったときや病気やけがで働けなくなったときなどに年金を受け取ることができる。 ・日本国内に居住する20歳以上60歳未満の人は加入が法律で義務付けられている。 ・65歳になると加入期間と支払った保険料に応じて年金を受け取れる。 ・低所得者や学生には免除制度もある（申請が必要）。
仕組み	・賦課方式（現役世代が支払った保険料で高齢者の年金を賄う仕組み）。 ・公的年金制度は、「国民年金（基礎年金）」と「厚生年金保険」の2階建て構造。 厚生年金保険 会社員や公務員などが加入（2階） 国民年金（基礎年金） 国内に居住する20歳以上60歳未満のすべての人（1階）

被保険者の種別	国民年金被保険者は、職業などにより三つに分けられる。		
	種別	第1号被保険者	第2号被保険者	第3号被保険者

	種別	第1号被保険者	第2号被保険者	第3号被保険者
	加入する制度	国民年金	国民年金と厚生年金保険	国民年金
	対象者	・学生 ・自営業者 ・農林事業者　等	・会社員 ・公務員　等	国内に居住し、第2号被保険者に扶養されている配偶者
	保険料の納付方法	各自が納付	勤め先を通じて納付（給与から天引き）	自己負担なし（第2号被保険者が加入する厚生年金保険制度が負担）

保険料と年金の受給金額	➢ 国民年金の保険料：月額16,520円（2023年度時点） 国民年金の受給額：月額約66,000円（2023年度時点、20歳から60歳まで40年間全て保険料を納付した場合） ➢ 厚生年金の保険料：給与の18.3％（2023年度時点）。半分は事業主（雇用者）が負担する（この率の保険料を納付すると国民健康保険も納付していることになる）。 厚生年金の受給額：保険料を納めた期間と現役時代の賃金額により異なる。

厚生労働省ホームページおよび日本年金機構「国民年金・厚生年金保険被保険者のしおり」を基に作成

〈参考文献〉

厚生労働省　「いっしょに検証！公的年金－年金の仕組みと将来　第04話日本の公的年金は「2階建て」」
　　　厚生労働省ホームページ　https://www.mhlw.go.jp/nenkinkenshou/manga/04.html（2023.9.18参照）
日本年金機構「国民年金・厚生年金保険被保険者のしおり」
　　　https://www.nenkin.go.jp/service/pamphlet/seido-shikumi.files/LN13.pdf（2023.1.28参照）

7-1-2 読み物2&表現

読む前に
- あなたの国にはどのような福祉制度がありますか。
- 「選別主義」「普遍主義」という言葉を聞いたことがありますか。

1. 読み物

Stage5 どこまでどのように福祉がかかわるか
2. ニーズ充足と平等社会

『ウェルビーイング・タウン　社会福祉入門〔改訂版〕』岩田正美・上野谷加代子・藤村正之 (2013) 有斐閣

選別主義と普遍主義

　以上のように、現代の社会福祉は多様な手段や方法を含んでいるが、これらの前提となる「個人の福祉」と「社会の福祉」の両立を模索するうえで主軸となる考え方に、**選別主義**と**普遍主義**の2つの流れがある[1]。選別主義というのは、簡単にいってしまえば、貧しい人々に社会福祉供給を集中するという考えである。これは主に所得や資産の調査（**ミーンズ・テスト**）を行って、一定水準以下の人々にのみ給付やサービス供給が行われるという方式の制度やサービスのあり方を支持する考え方である。代表的なものとしては、生活保護制度などがある。このほか、一定年齢の子どもすべてを対象に支給していた「子ども手当」に所得制限をつけるとすれば、それも選別的な考え方の導入ということになる。

　反対に普遍主義というのは、所得に関係なく社会の構成員全体に対して、あるいは特定のカテゴリー集団全体に対して、社会福祉のサービスまたは貨幣を給付するという考え方である。たとえば高齢者や乳幼児の医療費を無料にするとか、高齢者に無料交通券を配るというようなものがあげられる。

　選別主義という考え方が出てくる根拠としては、第1に、社会福祉の目的とする「個人のニーズ」がそれ自体としては誰にでも出現する可能性のある病気や障害、介護等の問題であるにしても、貧困層ほど複数の問題が集中しやすく、また「自助努力」でそれを切り抜けられないという現実がある。第2に、社会福祉の財源が限られたものであるとすれば、もっとも問題の深刻な層に資源を集中したほうが資源効率的であるということがあげられている。

　これに対して普遍主義の考え方は、第1に、選別主義の考え方でやると次のよう

---

[1] この前の節に、社会福祉の多様な手段・方法として、貨幣による所得保障ないしは生活費補助、施設や地域のケアサービス等、また、生活に必要なサービスと個人をつなぐ援助の方法（ソーシャルワーク）が挙げられている。（本書注）

な問題点が出てくることを根拠にしている。まず考えられるのは、^(a)福祉の受け手に「スティグマ（烙印）」と呼ばれるものを付与しやすいことである。所得や資産の調査を経てから社会福祉の給付やサービスがなされるとすれば、それらを受けていることが、すなわち貧困だと世間からみなされることになる。またそれらのサービスがあたかも貧困者であるがゆえに与えられる恩恵のように意識されやすい。このように、特定の貧困層を選び出すことは、貧困層に「福祉の世話になっている人」としての烙印を押してしまい、福祉サービスを利用していない人々との間に大きな溝をつくることになる。このため、必要なのに、烙印を押されたくないため、サービスや給付を利用しない層が増えていく可能性がある。

　他方で、「**貧困のわな**」と呼ばれる現象がある。貧困層にだけさまざまな給付があるとすると、そこから抜け出そうとしたとたん、それらの給付がなくなるばかりか税金・保険料などの支払いが求められるので、貧困であった時期より生活水準が落ちてしまう可能性がある。そこでこのような不利を避けるために、貧困層からの脱出を意図的に押し止めて、いつまでも貧困層に留まっていようとする「わな」があるというわけである。

　普遍主義を支持する第2の点として、ニーズが結果的に貧困層に集中しやすいとしても、問題は他の階層にも存在するという主張がある。たとえば、より上層の階層でも、必要財やサービスが市場になく、お金があっても買えないということがある。障害者などの特殊なニーズに対しての商品開発は遅れやすいし、できてもきわめて割高なものになるおそれもある。また市場の財やサービスを購入する際にさまざまなハンディキャップのある人々も少なくないので、そうしたサービスは、所得に関係なく給付されるべきであるという。

平等社会の実現

　第3に、こうした主張に加えて、普遍主義のもっと根本的な思想として、同じサービスや制度に社会の構成員が同じように加わったほうが社会連帯感や平等意職が育まれやすいということがある。これは個人のニーズ充足よりも、社会の平等や連帯という、社会福祉の「社会の目的」に依拠している。

　このように、選別主義と普遍主義の2つの考え方は、どちらもどのようにすれば「個人のニーズ」充足を最大にし、しかも「社会の目的」にもかなうか、という点を模索したものであるが、その力点が異なる。選別主義はいわば限られた資源で下位の層を底上げすることによって、普遍主義は連帯や平等社会実現の観点から目的を達しようとしていることがわかる。**平等社会の実現**や、**社会統合（インテグレーション）**ということを強調すれば、普遍主義的な考え方が強くなるだろうし、限られた財源の中で現実的な「ニーズ」充足の効率を追えば、選別主義のような考え方が意味をもつ場合も出てくるといえよう。

　　歴史的に見ると、すでにふれてきたように、選別主義から普遍主義への流れの中で全国民を対象とした社会保険制度を中核とする福祉国家が生まれてきたといえる。また、その後の障害者や高齢者のニーズを充足する方法として、「ノーマリゼーション」という考え方が生まれてきたのも、「平等社会」の実現に高い価値をおく考え方が浸透してきたことの証といえよう。

　　けれども、現実的には完全な意味での普遍主義に基づいた制度というのは実はそれほど多くない。特にサービス給付の場合は、受給資格から所得制限を撤廃しても、本当にニーズがあるかどうかの審査（ニーズ・テスト）による選別が行われるのが普通である。またわが国の障害基礎年金の受給などにはゆるい所得制限がつけられている。一時期高齢者全員に無料交通券を支給してきた自治体も、「ばらまき福祉」というような批判を受けて、近年では所得制限を設けている場合が少なくない。皆さんも自分の住んでいる町の福祉制度にどのような「制限」があるのか、ないのか、調べてみてはどうだろうか。たぶん、なんらかの「制限」を設けた制度が多いことに気がつくだろう。

◆ 内容確認

　本文を読んで、以下の質問に答えてください。

（1）選別主義における「選別」の基準となるものは何ですか。

（2）下線部 (a) の「（選別主義が）福祉の受け手に「スティグマ（烙印）」と呼ばれるものを付与しやすい」とは、どのようなことですか。本文の内容を踏まえて自分の言葉で簡潔に説明してください。

（3）選別主義と普遍主義が共通して目指しているものは何ですか。

（4）国の財政状況と国の福祉政策（選別主義か普遍主義か）は、どのような関係にあると考えられますか。本文の内容を踏まえて、自分の言葉でまとめてください。

◆ 話し合い

（1）あなたの国の様々な福祉制度から、選別主義と普遍主義に当てはまる例を探してみましょう。

（2）選別主義と普遍主義のうち、どちらを支持しますか。その理由は何ですか。

2. 表現と練習

目標：政策や制度に対する二つの異なる立場の意見を紹介する。

◆ Model 表現に注目して読んでみよう

（7-1-1の続き）

　しかし、累進課税については、その是非や適用範囲などをめぐって議論が続いている。その背景には、「公平さ」に対する人々の認識のずれがある。累進課税に反対する立場（主に高所得者など）からすると、累進課税は不公平な制度である。民主主義社会では、全ての人が平等であり、同一の権利と義務を有するとされる。それにも関わらず、単に収入が多いという理由だけで高い税率を課されるのは不公平だというわけである。反対派は、仕事のためにより多くの時間と努力を費やした人により重い納税の負担を強いるのは、人々の勤労への意欲を削ぐものにもなりかねないと考えている。

　しかし、累進課税を支持する者にとっては、累進課税こそが公平なものである。累進課税に反対する人々は、富の形成における個人の能力や努力を強調するが、それは決して個人の力のみによるものではない。裕福な家庭で生まれ育った者は富を蓄積する機会に恵まれている。良い教育を受け高収入の職業に就くことが容易で、親から受け継いだ財産を運用して増やすこともできる。このような理由から、累進課税の支持派は、累進課税が環境の違いに起因する経済的不平等を是正できる公正な課税方法であると主張しているのである。

　このように、累進課税に対する二つの異なる見方は、公平さに対する認識のずれに基づいており、そのことが合意形成を困難にする一因となっていると言える。

◆ 構成

問題の背景・原因を述べる。二つの異なる立場の意見を紹介する。

◆ 表現

表現1　問題の背景・原因を述べる。

a. | ～ 〔問題の現状〕 |。 | ～ 背景 | には | 名詞句 / ～こと | がある。

b. | ～ 〔問題の現状〕 |。 | ～ 原因 | として（は）、 | 名詞句 / ～こと | が | 挙げられる。
考えられる。

[Model] しかし、累進課税については、その是非や適用範囲などをめぐって議論が続いている。その**背景には**、「公平さ」に対する人々の認識のずれが**ある**。

[例1] 生活保護受給者に対する偏見が存在することが指摘されている。偏見がなくならない**背景には**、「生活保護が権利である」という認識の欠如が**ある**。

[例2] 生活保護受給者に対する偏見が存在することが指摘されている。その**原因としては**、「生活保護が権利である」という認識が欠如している**ことが挙げられる**。

練習

下線部に適切な表現を入れて文章を完成させてください。波線部は、自分で内容を考えましょう。

① 世界各国でベーシックインカムの導入に関する議論が行われている。その背景には、近年、貧富の格差が拡大し、富の偏在が進んでいること＿＿＿＿＿＿＿＿＿＿＿＿＿。

② 世界各国でベーシックインカムの導入に関する議論が行われている。その原因として、近年、貧富の格差が拡大し、富の偏在が進んでいること＿＿＿＿＿＿＿＿＿＿＿＿＿。

次の文を表現1の「～背景には～がある」または「～原因としては～が挙げられる／考えられる」に言い換えてください。

③ 年金の未納者が増えているのは、年金制度に対して不信感を持っている人がいるためだ。
→ ＿＿＿＿＿＿＿＿＿＿＿＿＿＿＿＿＿＿＿＿＿＿＿＿＿＿＿＿＿＿＿＿＿＿

④ 高齢ドライバーによる事故が多発し、高齢者の運転免許制度をめぐる議論が浮上した。
→ ＿＿＿＿＿＿＿＿＿＿＿＿＿＿＿＿＿＿＿＿＿＿＿＿＿＿＿＿＿＿＿＿＿＿

表現2　二つの異なる立場の意見を紹介する。

（1）二つの異なる立場の意見を当事者の視点に立って紹介する。

a. | 名詞句（人・立場） | からすると、 | ～ |。
にしてみれば、

b. | 名詞句（人・立場） | にとっては、（ | 名詞句 | は、） | ～ こと / もの / 制度 等 | である。

※bは名詞述語文です。「名詞は名詞だ」にしてください。

[Model] 累進課税に反対する立場（主に高所得者など）**からすると**、累進課税は不公平な制度**である**。

[Model] しかし、累進課税を支持する者**にとっては**、累進課税こそが公平なもの**である**。

[例3] 生活保護に対する偏見がなくならない背景には、「生活保護が権利である」という

認識の欠如がある。生活保護は、憲法が保障する「健康で文化的な最低限度の生活」を守るためのものである（生活保護法第一条）。生活保護が権利であると考える人**にとっては**、生活保護の受給は、誰もが持っている権利を行使したというだけのこ**とである**。しかし、そのような認識を持っていない人**からすると**、生活保護の受給者は、働かずに税金で生活している人に見えてしまうこともある。生活保護に対する偏見をなくすためには、基本的人権に対する理解を広める必要があると言えるだろう。

練習

次の（　）を「名詞句＋{だ/である}」に変えて、文章を完成させてください。

⑤　国立大学の学費を無償にするという案がある。しかし、これには、その財源となる税金を誰が負担するのかという問題がある。仮に、消費税のように国民から広く集める税金を財源にするとしよう。大学進学を目指す高校生にとっては、無償で大学に行く機会を得られるわけであるから、（a.ありがたい→　　　　　　　　　　）。しかし、卒業後、進学せずに働こうと考えている高校生にとっては、自分が税金という形で同じ年の若者の学費を負担することになるため、（b.受け入れがたい→　　　　　　　　　　　）。

波線部の内容を考えて、文章を完成させてください。

⑥　平等な社会を構築するという観点から、世界各国で積極的格差是正措置が導入されている。政治家の一定の割合を女性にする、大学の入学者の一定の割合を特定の人種やエスニックグループにするといった政策である。積極的格差是正措置が実施されるようになった背景には、こうした措置をとらない限り格差はなくならないという認識がある。しかし、問題がないわけではない。仮に、ある企業で管理職の女性を増やすために、管理職に占める女性の割合を設定したとしよう。これは女性にしてみれば、a.＿＿＿＿＿＿＿＿＿＿＿＿＿＿＿＿＿＿＿＿＿＿＿＿＿＿＿＿＿＿＿＿＿＿＿＿＿＿。しかし、男性からすると、b.＿＿＿＿＿＿＿＿＿＿＿＿＿＿＿＿＿＿＿＿＿＿＿＿＿＿＿＿。積極的格差是正措置の実施に当たっては、何のためにその措置を実施するのか、組織の構成員の合意の形成が必要であると言えるだろう。

(2) 二つの異なる立場の意見を第三者の視点から紹介する。

[例4]　平等な社会を構築するという観点から、世界各国で積極的格差是正措置が導入されている。だが、これに関しては、その是非をめぐって議論が行われている。積極的格差是正措置の賛成派**は**、こうした措置をとらない限り格差がなくならない**と考え**

ている。例えば、現在日本では、女性活躍推進法が制定され、様々な施策がとられているものの、内閣府男女共同参画局のデータによれば、2020年の時点で、部長級以上の女性管理職の割合は、100人以上の常用者を雇用する企業の場合、8.5%にとどまっている。賛成派**は**、このようなデータから、積極的格差是正措置が必要だ**と主張している**のである。一方、反対派**は**、積極的格差是正措置は不要だ**と考えて**いる。例えば、2020年7月22日付の『朝日新聞』では、日本商工会議所の会長の「女性の役員比率を増やすことは必要だが、（クオータは）逆差別になる。能力とは関係ない人たちを役員につけることになり、すべきではない」といった発言が報道されている。つまり、反対派は積極的格差是正措置を行うべきではないと**主張している**のである。

練習

　下線部に適切な表現を入れて文章を完成させてください。

⑦　日本では、2020年度から高等教育の就学支援新制度が実施されている。文部科学省のホームページによれば、この制度は、住民税非課税世帯と、それに準ずる世帯を対象に、高等教育機関の授業料免除と給付型奨学金の支給を行うものである。この制度の年収の制限については、賛否両論がある。国の財政規律を重視する人は、年収の制限が必要だ
a.＿＿＿＿＿＿＿＿＿＿。財源が限られている以上、本当に支援が必要な人に集中して支援を行ったほうがよいという考えである。一方で、より多くの国民が満足することを重視する人は、制限を設けるべきではないb.＿＿＿＿＿＿＿＿＿＿。制限を設ければ、基準を少し超えたために支援を受けられない層から不満が出ることが予想されるため、年収制限を廃止し、誰でも使える制度にしたほうがいいと考えているのである。

〈参考文献〉

2020年7月22日『朝日新聞』「女性登用、自主性任せの限界　自民幹事長「あくまで努力目標」日商会頭「クオータは逆差別」朝刊
e-Gov法令検索「生活保護法」https://elaws.e-gov.go.jp/document?lawid=325AC0000000144（2022.6.11参照）
内閣男女共同参画局「男女共同参画白書 令和3年版 第2節企業における女性の参画」
　　https://www.gender.go.jp/about_danjo/whitepaper/r03/zentai/html/honpen/b1_s02_02.html（2022.6.11参照）
文部科学省「学びたい気持ちを応援します　高等教育の修学支援新制度　高校生のみなさんへ」文部科学省ホームページ https://www.mext.go.jp/kyufu/student/koukou.html（2023.3.23参照）

◆ やってみよう

（1）波線部に適切な語句を入れて、文を完成させてください。

　日本では国民年金制度をめぐって人々の意見が分かれている。その背景には、a.＿＿＿＿＿＿＿に対するb.＿＿＿＿＿＿＿＿＿がある。政府と制度を信頼している人は、高齢者になれば年金をもらえるのであるから、年金を支払うのが国民の義務であると考えている。制度によって、自分の老後が保障されると信じているのである。一方、

政府と制度を信用していない人は、少子高齢化で制度が破綻し、自分が高齢者になったときに年金がもらえない、または大幅に減額される恐れがあるという不安を抱いている。過去に年金受給年齢の引き上げがあったことなどから、高齢者の増加に伴い増大していく年金を政府がしっかり賄ってくれるとは限らないと考えているのである。

(2) 近年日本では、高齢の運転者による事故が相次ぎ、運転免許に年齢制限を導入する必要性が議論されています。この問題について、表1を参考に、二つの異なる立場の意見を中立的に述べる文章を作成してください（既に書いてある部分を除いて300〜500字）。

表1　高齢者の運転免許の制限に対する意見

公共交通機関の発達した都市部に住む人	公共交通機関の少ない地方に住む人
・自動車がなくても生活できるため、運転免許に年齢制限があっても生活に支障はない。 ・運転免許の年齢制限によって、不便になることもあるが、自由を奪われるというほどではない。	・自動車は生活必需品である。自動車がなければ、買い物に行くのも、病院にいくのも難しい。 ・買い物や通院などは、家族の支援や行政のサービスがある場合もある。しかし、趣味などで出かける際には、タクシーなど、有料のサービスを使うしかなく、金銭的余裕がない人は自由に出かけられなくなる。

　　現在、日本では、高齢の運転者による凄惨な交通事故が相次ぎ、運転免許に年齢制限を導入する必要性が議論されている。警察庁のホームページによれば、2022年5月に改正道路交通法が施行され、75歳以上で一定の違反歴がある場合は、運転技能検査に合格しなければ免許を更新できないようにするなど、様々な対策が取られている。また、高齢者の「運転免許の自主返納」といった動きもある。しかし、年齢制限の導入に関しては賛否が分かれており、法律で年齢制限を設けるまでには至っていない。その背景には、＿＿＿＿＿＿＿＿＿＿＿＿＿＿＿＿＿＿＿＿＿＿＿＿＿＿＿＿＿＿＿＿＿がある。＿＿＿＿＿＿＿＿＿＿＿＿

＿＿

＿＿

＿＿

＿＿

_____

_____

_____

_____

_____

_____

_____

_____

_____

_____

_____

_____

_____

〈参考文献〉

警察庁「令和2年改正道路交通法ポスター（高齢運転者対策）」警察庁ホームページ
　　https://www.npa.go.jp/bureau/traffic/law/index.html（2022.6.11参照）

---

3. 課題

　Model を参考にして、ベーシックインカムについて、二つの異なる立場の意見を中立的に述べる文章を作成してください（既に書いてある文章を除いて300～500字）。まず、二つの立場を考えて、どのような意見があるか、表2に書き出します。次に、下の文章の続きとして、それぞれの立場の意見を述べてください。ベーシックインカムは、日本では、まだ実現していない政策であるため、ここでは、以下の案を仮定して書きましょう。

ベーシックインカムの案

・収入に関係なく、毎月、大人は13万円、子どもは4万円を政府から個人に（未成年は保護者に）支給する。

・ベーシックインカム以外の収入には所得税が課税される。

・年金制度、生活保護制度、失業保険制度は廃止する。

・健康保険制度は、現行のままとする。

表2　ベーシックインカムに対する意見

立場	A：	B：
根拠		

📥 以下の課題作成用のワークシート（書き込むスペースがあるもの）を本書webサイトより
ダウンロードできます。

〈ワークシートの見本〉

　　近年、ベーシックインカムの導入が議論されている。『現代用語の基礎知識』に
よれば、ベーシックインカムとは、「政府がすべての国民に対して最低限の生活を
送るのに必要な額の現金を、就労や資産の有無にかかわらず無条件で、定期的に支
給する最低所得保障（最低生活保障）の構想」である。2022年現在、日本におけ
るベーシックインカムの導入はまだ議論の途上にあり、賛否両論がある。その背景
には、＿＿＿＿＿＿＿＿＿＿＿＿＿＿＿＿＿＿＿＿＿＿＿＿＿＿＿＿＿＿＿＿＿

＿＿＿＿＿＿＿＿＿＿＿＿＿＿＿＿＿＿＿＿＿＿＿＿＿＿＿＿＿＿＿＿＿＿＿＿＿

＿＿＿＿＿＿＿＿＿＿＿＿＿＿＿＿＿＿＿＿＿＿＿＿＿＿＿＿＿＿＿＿＿＿＿＿＿

〈参考文献〉

「ベーシックインカム（BI）【2021】［税金【2021】］」『現代用語の基礎知識』JapanKnowledge
　　https://japanknowledge.com（2022.6.11参照）

レポート作成の階段⑧

7-2 行動提示の文／結び（評価と展望）の書き方

> 目標：1. 行動提示の文を適切に用いて読みやすいレポートを書けるようになる。
>
>   2.「結び」に評価と展望を入れたレポートを書けるようになる。

1. 行動提示の文

◆ 行動提示の文とは？

　レポートを読みやすいものにするために、適宜、行動提示の文を入れていきましょう[2]。行動提示の文とは、例えば、「次に、～の推移を見てみよう。」「以上、～について考察を行った。」などの書き手の行動を示す文です。4-2-2で学んだ目標規定文（「本レポートでは、～について論じる。～を考察し、～という結論を導く。」）と、結びのまとめ（「本レポートでは、～について考察した。～ことから、～と主張した。」）も行動提示の文です。このような文を入れることで、読み手は、内容を整理したり予測したりしながら読むことができます。

◆ 行動提示の文に用いる表現

(1) これからの書き手の行動を予告する　　～る。／～よう。／～たい。

- ・はじめに、本レポートの考察の対象を**確認**しておく。
- ・次に、～のホームページより、～のデータを**引用する**。
- ・まず、～を**見てみよう**。
- ・以下では、どのようにこの問題を解決していけば良いのかを**考察していきたい**。

(2) これまで書き手が行った行動を述べる　　～た。

- ・ここまで、～問題の現状を**見てきた**。
- ・以上、～の原因について考察を**行った**。
- ・以上、～に関して様々な問題が複雑に絡み合っていることを**確認した**。

◆ 行動提示の文を入れてみよう

① 積極的格差是正措置の導入の是非

　平等な社会を構築するという観点から、世界各国で積極的格差是正措置が導入されている。だが、これに関しては、その是非をめぐって議論が行われている。積極的格差是正措置の賛成派は、こうした措置をとらない限り格差がなくならないと考えている。例えば、

---

[2] 「行動提示」は、浜田他（1997）で用いられた用語である（書誌情報は巻末の参考文献を参照のこと）。

現在日本では、女性活躍推進法が制定され、様々な施策がとられているものの、内閣府男女共同参画局のデータによれば、2020年の時点で、部長級以上の女性管理職の割合は、100人以上の常用者を雇用する企業の場合、8.5％にとどまっている。賛成派は、このようなデータから、積極的格差是正措置が必要だと主張しているのである。一方、反対派は、積極的格差是正措置は不要だと考えている。例えば、2020年7月22日付の『朝日新聞』では、日本商工会議所の会長の「女性の役員比率を増やすことは必要だが、（クオータは）逆差別になる。能力とは関係ない人たちを役員につけることになり、すべきではない」といった発言が報道されている。つまり、反対派は積極的格差是正措置を行うべきではないと主張しているのである。

　以上、積極的是正措置をめぐる賛成と反対の立場の主張をa.＿＿＿＿＿＿＿＿＿＿。それでは、それぞれの主張にはどれほどの妥当性があるのだろうか。積極的格差是正措置を実際に導入している企業を見てみると、措置の導入が逆差別を招くという反対派の主張は、実情を十分に反映したものではないことがわかる。以下では、積極的格差是正措置の導入が格差の是正のみならず、企業の増益につながった二つの事例をb.＿＿＿＿＿＿＿＿。

② 高齢ドライバーによる交通事故の対策

　はじめに、＿＿＿＿＿＿＿＿＿＿＿＿＿＿＿＿＿。本レポートにおける高齢者とは、満65歳以上の人であり、高齢ドライバーによる交通事故とは、高齢者が運転をし、加害者となった人身事故および物損事故を指す。

〈参考文献〉

2020年7月22日「女性登用、自主性任せの限界　自民幹事長「あくまで努力目標」日商会頭「クオータは逆差別」」『朝日新聞』朝刊
内閣男女共同参画局「男女共同参画白書 令和3年版　第2節　企業における女性の参画」
　　https://www.gender.go.jp/about_danjo/whitepaper/r03/zentai/html/honpen/b1_s02_02.html（2022.6.11参照）

2. 結び（評価と展望）の書き方

◆ 評価と展望とは？

　4-2-2のレポート作成の階段⑤では、結びにおける「まとめ」の書き方を学びました。今回は、それに続く「評価」と「展望」を書いてみましょう。結びは、「まとめ」と「評価・展望」からなります。「評価」では、本論で述べた内容を振り返り、書き手が今後取り組むべき課題（レポートの中で扱えなかった事柄や、さらなる検討が必要な問題など）を述べます。「展望」では、テーマに関する今後の予測とともに、レポートの内容に基づく提言を行います。評価と展望は、両方入れる場合も、片方だけを入れる場合もあります。自分の専門分野の論文を参考にしてください。

　なお、「評価」では、レポートの意義自体を否定したり、それまでの主張をひっくり返し

たりするような書き方をしないように注意しましょう。例えば、「外来語は日本語母語話者の英語習得の妨げになるから制限すべきだ」と主張したレポートの「評価」で、「しかし、これは外来語の問題ではなく、英語教育の問題である可能性がある」と述べるといった例がこれに当たります。

◆ 評価と展望のサンプル

例として、以下に、6-2 の「小学校における外国語活動の言語選択」の結びの「評価」と「展望」の書き方を示します。

結び	まとめ	以上、本レポートでは、小学校の外国語活動における言語選択の問題について考察を行った。「外国語と異文化に慣れ親しむ」という外国語活動の本来の目的と、在留外国人数の上位を占めているのが英語話者ではないという事実に照らして、英語のみを外国語として扱う現状に問題があることを指摘した。また、教育において英語だけを扱うことが、英語優越主義を助長する危険性があることを論じた。外国語活動の時間に地域の外国人の言語を扱い、彼らと交流することは外国語活動の目的にも合い、相互理解にもつながることから、外国語活動では英語ではなく、各地域に住んでいる外国人の言語を扱うべきであると主張した。	
		(1) 評価	(2) 展望
	評価と展望	だが、本レポートでは、英語以外の言語を扱う際に、どのような基準で言語を選択するべきか、言語を教える教員をどのように確保するかといった具体的な問題に踏み込むことはできなかった。これらの問題についての検討は、今後の課題としたい。	今後、日本社会は、さらに多文化化が進むと予想される。多様な文化的背景を持った人々が共に生きていく社会を作るためには、お互いを尊重し、より深く理解しようとする姿勢が求められる。小学校教育における地域の外国人住民の言語の教育は、多文化共生社会の実現に向けた大きな一歩となるだろう。

◆ 評価と展望に用いる表現

(1) 評価

書き手が今後取り組むべき課題を述べる

・（しかしながら、）本レポートでは、〜については〜できなかった。｛この点については、今後の課題としたい／〜が今後の課題である／今後、〜する必要がある｝。

(2) 展望

レポートのテーマに関する今後の予測を示す

・今後、〜が予想される。

・今後、～だろう。

レポートのテーマに関する提言を示す

・～ためには、～しなければならない。

・～には、～が求められる。

・～には、～必要があるだろう。

3. レポートを書いてみよう

　ある制度について、二つの異なる立場の意見を紹介した上で、自分の考えを述べるレポートを書いてみましょう（1,600〜2,400字程度）。

◆ 話し合ってみよう

❶ ブレーン・ストーミング

　日本、または、あなたの国の福祉制度には、どのようなものがありますか。いくつか挙げてみてください。

〈メモ〉

　あなたの国では積極的格差是正措置が行われていますか。どのようなものがありますか。

〈メモ〉

❷ 異なる意見がある制度

　❶で出た制度・措置の中で、異なる立場による意見の対立が問題となっているものはありますか。それらは具体的にどのような意見ですか。簡単なメモを作成し、グループの人と話してみましょう。

制度

　立場Ａ：

　立場Ｂ：

◆ 書いてみよう

❸ 問いを立て、内容を考える

　グループで話し合った制度の中から、各自、一つレポートで取り上げるテーマを決めましょう。続いて、問いを立てて内容を考えましょう。問いに対する答え（自分の意見）は、どちらかの立場と同じでも構いませんが、「立場Ａ」と「立場Ｂ」は他者の考えとして、「自身の立場」は自分の意見として述べます。自分の立場が最も重要なので、なぜそう考えるのかを丁寧に論証してください。

　立場Ａの意見：

　立場Ｂの意見：

　問い：

　自身の立場：

❹ タイトルを付け、アウトラインを作成する

　タイトルを付けて、アウトラインを作成してみましょう。本論では、二つの異なる二つの立場の意見を紹介した上で自分の考えを述べてください。まず、下の❺の〈確認表〉を見て、どのような内容のレポートが求められているか、確認してください。

タイトル	
はじめに	・背景説明 ・問題提起 ・目標規定文
本論	
結び	まとめ 評価と展望

❺ レポートの作成

　作成したアウトラインを基にレポートを作成してください。書き終えたら、〈確認表〉の「自己評価」の欄を記入してください。今回のレポートでは、行動提示の文を積極的に入れてみましょう。

📥 レポート作成用のワークシートを本書webサイトよりダウンロードできます。

〈確認表〉　よくできた◎　できた〇　もう少し△　残念×

		項目	自己評価	記入者氏名		
はじめに	1	問題提起の文(レポートの問い)がある。				
	2	目標規定文がある。				
本論	3	問いに対する明確な答えがある。				
	4	制度について、その制度を知らない人もわかるように説明してある。				
	5	二つの異なる立場の意見が第三者の意見であるとわかる書き方で丁寧に説明してある。				
	6	二つの立場の意見をふまえて、自分の意見をわかりやすく述べている。				
結び	7	「まとめ」が目標規定文と対応している。				
	8	評価または展望が書いてある(両方でも可)。				
引用	9	一か所以上引用があり、最後に参考文献が記載されている。				
	10	どこからどこまでが引用かわかるように書いてある。				
	11	引用個所と参考文献を結ぶことができる。				
	12	参考文献リストに必要な項目が書いてある。				
行動提示	13	適宜、行動提示の文が使われている。				

7-3　レポートを読み合う

> 目標：1. クラスの人のレポートの概要を書き出し、骨子を把握した上でコメントを述べる。
> 　　　2. もらったコメントを参考に、レポートを修正する。

　7-2では、ある制度について異なる立場の意見を紹介した上で自分の意見を述べるレポートを作成しました。クラスの人とレポートを読み合い、コメントを述べ合いましょう。今回も、他の人のレポートを読み、概要を書き出し、レポートの骨子とその論理性を把握することを目指します。異なる立場を紹介する部分が、書き手の意見ではないと分かる書き方になっているか注意しながら、概要を書き出してみましょう。活動の後は、もらったコメントを基にして自分のレポートを修正し、より良いレポートを目指します。

◆ 概要を書き出し、コメントを準備する

❶ 概要を書き出す

　クラスの人のレポートを読み、概要を書き出してみましょう。この概要は自分の理解のためのものですから、文章をそのまま写すのではなく、自分にとってわかりやすい簡潔な言葉でまとめてください。作成の際には、良いと思った点、わかりにくいと感じた点などもメモしておきましょう。

問い	
答え	
論証（なぜその答えか）	

※ 問いと答えが複数ある場合は、複数書き出します。

❷ コメントを準備する

　もう一度、レポートを読み、〈確認表〉に記入します。〈確認表〉と作成した概要を基に、コメントを準備しましょう。メモは、自分のためのものです。

〈メモ〉

```



```

◆ コメントを述べ合いレポートを修正する

❶ コメントを述べ合う

・まず、グループで司会者を決めてください。

・司会者は、〈確認表〉の項目に沿って話し合いを進めます。最後に、自由に意見や感想を述べる時間も取りましょう。

・グループのメンバーは、司会者の指示にしたがって、順番にコメントを一つずつ、述べてください。レポートの書き手や、グループの人は、コメントに対して質問があれば、質問しましょう。

❷ レポートを修正する

　クラスの人からもらったコメントを基に、自分のレポートを修正してみましょう。質問があったところに説明を加えるなど、読みやすいレポートを目指しましょう。

第 **8** 課

自分でテーマを
設定する

8-2-1 ▸ レポート作成の階段⑨
テーマの設定と情報集め

> 目標：自分でテーマを設定し、情報を収集して、複合型（調査報告＋論証）レポートを書けるようになる。

1. テーマの設定と情報集め

　これまで、問いの立て方や引用の仕方など、レポートの作成法を一つずつ学んできました。ここでは、情報の集め方を学びます。まず、テーマを決めましょう。

◆ テーマを決める
　以下のa〜cを書き出してみましょう。

a. これまで、この授業で書いてきたレポートの中で、さらに調べたり考察したりしてみたいと思ったものはありますか。

b. 他の授業で扱ったテーマで興味のあるものはありますか。

c. 今関心を持っていること（社会現象や出来事、専門分野のテーマなど）や、最近気になったニュースには、どのようなものがありますか。

◆ 情報の集め方
　a〜cで書き出したものの中から一つ選んで、情報を集めてみましょう。情報集めには、時間がかかります。欲しい書籍や論文がすぐに入手できない場合もあります。また、一つ新聞記事を読むと、さらにその前の経緯を調べる必要があることに気づくこともあります。書籍も論文も、読んでみなければ内容はわかりません。情報集めには時間がかかることを理解し、早めに着手しましょう。

〈1〉新聞
　新聞記事は、新聞記事のデータベースで探すことができます。新聞記事のデータベースは、大学の図書館または公共図書館で利用することができます。以下に一部の例を紹介します。

データベース名	検索できる新聞等
朝日新聞クロスサーチ	『朝日新聞』、『AERA』等
日経テレコン21	『日本経済新聞』、『日経産業新聞』等
毎索	『毎日新聞』、『週刊エコノミスト』、『毎日ヨロンサーチ』等
ヨミダス歴史館	『読売新聞』、英字新聞『The Japan News』等

〈2〉用語事典

　ニュースなどで使われた新しい概念や事物、出来事などを集めた事典で、毎年刊行されます。例えば、「NFT（非代替性トークン）」「エッセンシャルワーカー」というような項目があります。以下に一つ紹介します。

・『現代用語の基礎知識』自由国民社

※『現代用語の基礎知識』は、有料の辞書・事典サイトのジャパンナレッジLibでも利用できます。大学の図書館でジャパンナレッジLibが利用できるか、確認してみましょう。

〈3〉書籍

◇ 大学または公共図書館のOPAC（Online Public Access Catalog）（オンライン蔵書検索システム）

　書籍を探す場合、まずは、大学図書館のOPACで検索してみましょう。そして、1冊見つかったら、図書館に行き、その書籍と周りにある書籍も見てみましょう。

　また、ブックレットと呼ばれる種類の60ページ程度の小冊子があります。一つのテーマについてわかりやすく書いてあり、比較的短時間で読めるので、レポート作成には、お勧めです。大学図書館のOPACで「ブックレット」で検索をかけて探してみましょう。以下に一例を紹介します。

・岩波ブックレット …… 岩波書店が発行するブックレットです。

◇ CiNii（https://cir.nii.ac.jp）

　国立情報学研究所（NII）が提供する論文、図書・雑誌や博士論文などの学術情報を検索できるデータベース・サービスです。

① 以下の画面で「本」を選択し、キーワードを入力し検索をかけます。

② 検索結果が表示されます。

☐ 📖 『社会保障改革への提言』うち第3章「雇用の希少性と人間の尊厳：ロナルド・ドーアとベーシックインカム」
　　ミネルヴァ書房 2012

A ☐ 📖 ベーシックインカムは究極の社会保障か
　　堀之内出版 2012

③ Aの本を読みたい場合は、書籍名をクリックすると、以下のように書誌情報が表示されます。この本が自分の利用する図書館にあるか、図書館のOPACで調べます。ない場合は、図書館の「レファレンスサービス」を利用します。レファレンスサービスを使えば、他の機関の図書館から書籍を取り寄せることができます。

📖 **ベーシックインカムは究極の社会保障か**

　書誌事項
　│ タイトル　"ベーシックインカムは究極の社会保障か"
　│ 著者　　　萱野稔人（編著）
　│ 出版者　　堀之内出版

〈4〉論文

◇ CiNii (https://cir.nii.ac.jp/)

① 次に、論文を探してみましょう。以下の画面で、「論文」を選択し、キーワードを入力し検索をかけます。

② 検索結果が表示されます。Bの論文が読みたい場合は、図書館に『エコノミスト』という雑誌の98巻28号が所蔵されているか、OPACで探します。図書館にない場合は、レファレンスサービスで文献複写依頼を申請すると、コピーを受け取ることができます（有料）。

③ 次のCの論文のように「DOI」（Digital Object Identifier）、または、「機関リポジトリ」という表示がある場合は、そこから論文を入手することが出来ます。

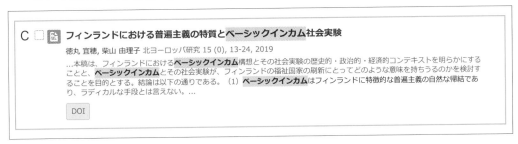

◇ J-STAGE（科学技術情報発信・流通総合システム）

（https://www.jstage.jst.go.jp/browse/-char/ja）

国立研究開発法人科学技術振興機構（JST）が提供するする電子ジャーナルプラットフォームです。

こちらでも、論文を探すことが出来ます。データベースの規模はCiNiiの方が大きいですが、J-STAGEに掲載された論文の多くは、無料でダウンロードして読むことができます。

〈5〉官公庁・地方自治体のホームページ

制度や法律などは、所轄省庁のホームページを見てみましょう。

〈6〉e-Gov法令検索 (https://elaws.e-gov.go.jp/)

デジタル庁が提供する日本の法令の検索サービスです。憲法や法律を検索できます。

◆ 情報を集める際の注意点

・個人のブログや、作成者が不明のものは、大学のレポートでは引用できません。他の検証可能な情報源から情報を集めてください。

・Wikipediaからの引用もできません。Wikipediaの各項目のページの下部に挙げられた参考文献リストから必要な文献を探して読み、それを引用してください。

・情報を集めているときは、後でどの情報を使用するか分かりませんので、メモを残しながら情報収集を進めます。書籍の場合は奥付をコピーしておきます。インターネット上の情報の場合は、URLとページのタイトルなどを記録しておきます。

読み物＆表現

レポート作成

レポートを読み合う

■ 2. アウトラインを作成しよう

今まで学んできたことを生かして、自分で設定したテーマでレポートを書いてみましょう（2,400〜3,200字）。二か所以上、引用を入れたレポートを作成してください。8課では、アウトラインを作成した後に、他者の目でアウトラインを検討する時間を設けます (8-2-2)。

❶ 問いを立て、内容を考える

はじめに、レポートの問いと答えを書きましょう。問いは、二つあっても構いません。例えば、「日本の高等教育を無償化できるか」というレポートを書こうと考えている場合、以下のような問いと答えが考えられます。

例

> 問い：①高等教育を無償化している国の制度はどうなっているか。
> 　　　②日本の高等教育を無償化できるか。
> 答え：①フランスの高等教育の制度（大学は原則国立で、卒業要件が厳しい）
> 　　　②日本は私立大が多く、かつ、卒業要件も厳しくない。現段階では無償化は不可能である。

以下に、自分のレポートの問いと答えを書いてみましょう。

問い： 答え：

❷ タイトルを付け、アウトラインを作成する

まず、下の〈確認表〉を見て、どのような内容のレポートが求められているか、確認してください。タイトルを決めて、アウトラインを作成しましょう。

📥 レポート作成用のワークシートを本書webサイトよりダウンロードできます。

タイトル	
はじめに	・背景説明 ・問題提起 ・目標規定文
本論	・
結び	

※8課では、レポート執筆の前に、グループでアウトラインを検討します。

〈確認表〉　よくできた◎　できた○　もう少し△　残念×

		項目	自己評価	記入者氏名		
はじめに	1	問題提起の背景が丁寧に説明してある。				
	2	問題提起の文（レポートの問い）がある。				
	3	目標規定文がある。				
本論	4	問いに対する明確な答えがある。				
	5	なぜその答えなのかが、丁寧に説明してある。				
結び	6	「まとめ」が目標規定文と対応している。				
	7	「評価」または「展望」が書いてある（両方でも可）。				
引用	8	二か所以上引用があり、最後に参考文献が記載されている。				
	9	どこからどこまでが引用かわかるように書いてある。				
	10	引用した内容を自分の言葉でまとめてある。				
	11	引用個所と参考文献リストを結ぶことができる。				
	12	参考文献リストに必要な項目が書いてある。				
行動提示	13	適宜、行動提示の文が使われている。				
タイトル	14	本文の内容に合った適切なタイトルが付けてある。				

8-2-2　レポート作成の階段⑩

アウトラインの検討と
レポートの執筆

> 目標：自分でテーマを設定し、情報を収集して、複合型（調査報告＋論証）のレポート
> を書けるようになる。

1. アウトラインを検討しよう

　レポートを執筆する前に、作成したアウトラインを他者の目で見てもらい、検討してみましょう。順番にアウトラインを説明して、グループで検討していきます。司会者を決め、一人の持ち時間を確認してから話し合を始めます。質問や提案は、一人一つずつ順番に述べてください。

❶ **アウトラインを簡潔に説明する。**

　作成者は自分のアウトラインを見せながら、簡潔に説明します。長く話して、コメントをもらう時間が無くなってしまわないように、簡潔に話してください。

❷ **分かりにくかった点、質問を述べる**

　聞き手は、分かりにくいと感じた点、アウトラインを聞いて疑問に思ったことなどを質問します。

❸ **改善点と提案**

　聞き手は、「ここは、こういう説明を入れたほうが良いのではないか」といった改善点や、「この主張には、こういう反論もあるのではないか」など、提案があれば述べましょう。

2. レポートを書いてみよう

　必要に応じてアウトラインを修正し、レポートを執筆しましょう。新たに情報が必要になった場合は、情報を集めましょう。それから、作成したアウトラインを基にレポートを作成してください。書き終えたら、〈確認表〉の「自己評価」の欄を記入してください。

　📥　レポート作成用のワークシートを本書webサイトよりダウンロードできます。

8-3　レポートを読み合う

> 目標：1. クラスの人のレポートの概要を書き出し、骨子を把握した上でコメントを述べる。
>
> 　　　2. もらったコメントを参考に、レポートを修正する。

　8課では、自分で設定したテーマでレポートを作成しました。クラスの人とレポートを読み合い、コメントを述べ合いましょう。今回も、他の人のレポートを読み、概要を書き出し、レポートの骨子とその論理性を把握することを目指します。問いと答えが明瞭で、しっかりと論証しているかどうか考えながら読んでみましょう。そして、自分自身に他者のレポートを分析する力がついているかどうか、振り返ってみましょう。

◆ 概要を書き出し、コメントを準備する

❶ 概要を書き出す

　クラスの人のレポートを読み、概要を書き出してみましょう。この概要は自分の理解のためのものですから、文章をそのまま写すのではなく、自分にとってわかりやすい簡潔な言葉でまとめてください。作成の際には、良いと思った点、分かりにくいと感じた点などもメモしておきましょう。

問い	
答え	
論証（なぜその答えか）	

※問いと答えが複数ある場合は、複数書き出します。

❷ コメントを準備する

　もう一度、レポートを読み、〈確認表〉に記入します。〈確認表〉と作成した概要を基に、コメントを準備しましょう。メモは、自分のためのものです。

〈メモ〉

❸　振り返り

　他者のレポートを読み、どこが良くて、どこをどう修正する必要があるか、分析できるようになりましたか。第1課を勉強したころの自分を思いだして、どんなことができるようになったか、まだ、うまくできないと感じる点はどこか、振り返ってみましょう。

できるようになったこと

まだできるようになっていないこと

◆　コメントを述べ合い、レポートを修正する

❶　コメントを述べ合う

・まず、グループで司会者を決めてください。

・司会者は、〈確認表〉の項目に沿って話し合いを進めます。最後に、自由に意見や感想を述べる時間も取りましょう。

・グループのメンバーは、司会者の指示にしたがって、順番にコメントを一つずつ、述べてください。レポートの書き手や、グループの人は、コメントに対して質問があれば、質問しましょう。

❷振り返りの共有

　これまで一緒に学んできたクラスの人と、何ができるようになったか、まだできるようになっていないことは何かを共有しましょう。司会者の指示に従って、順番に簡潔に話してください。

❸　レポートを修正する

　クラスの人からもらったコメントを基に、自分のレポートを修正してみましょう。質問があったところに説明を加えるなど、読みやすいレポートを目指しましょう。

参考文献

池田玲子・舘岡洋子（2007）『ピア・ラーニング入門―創造的な学びのデザインのために』ひつじ書房

大島弥生・池田玲子・大場理恵子・加納なおみ・高橋淑郎・岩田夏穂（2014）『ピアで学ぶ大学生の日本語表現 第2版―プロセス重視のレポート作成―』ひつじ書房

木下是雄（1981）『理科系の作文技術』中央公論新社

小森万里・三井久美子（2016）『ここがポイント！レポート・論文を書くための日本語文法』くろしお出版

近藤裕子・由井恭子・春日美穂（2019）『失敗から学ぶ大学生のレポート作成法』ひつじ書房

佐渡島紗織・坂本麻裕子・大野真澄編著（2015）『レポート・論文をさらによくする「書き直し」ガイド―大学生・大学院生のための自己点検法29』大修館書店

清水正幸・奥山貴之（2015）『日本語学習者のための読解厳選テーマ10[中上級]』凡人社

田中真理・阿部新（2014）『Good Writingへのパスポート―読み手と構成を意識した日本語ライティング』くろしお出版

二通信子・佐藤不二子（2003）『改訂版留学生のための論理的な文章の書き方』スリーエーネットワーク

二通信子・大島弥生・佐藤勢紀子・因京子・山本富美子（2009）『留学生と日本人学生のためのレポート・論文表現ハンドブック』東京大学出版会

浜田麻里・平尾得子・由井紀久子（1997）『大学生と留学生のための論文ワークブック』くろしお出版

坂東実子（2021）『大学生のための文章表現練習帳第2版』国書刊行会

藤田節子（2009）『レポート・論文作成のための引用・参考文献の書き方』日外アソシエーツ

藤原和博編著（2010）『[よのなか]科によるネットワーク型授業の実践―クリティカル・シンキングのすすめ―』東京書籍

資料

各種の目標一覧

セクション1表現と読み物　　セクション2レポート作成の階段　　セクション3レポートを読み合う

S	目標
1-1	概念の定義を引用し、具体例を挙げ、具体例が定義に当てはまると述べる。
1-2	レポートの構成要素を知り、構成要素が入った文章を作成できるようになる。
2-1-1	サービスや制度の仕組みを分かりやすく説明する。
2-1-2	長所と短所を踏まえて自分の意見を述べる。
2-2	アウトラインを書いた上でレポートを作成できるようになる。
2-3	1. クラスの人のレポートを読み、コメントを述べる。 2. もらったコメントを参考に、レポートを修正する。
3-1-1	ニュースを要約して引用する。
3-1-2	問題提起をして、自分の考えを述べる。
3-2	自分で問いを立ててレポートを作成できるようになる。
3-3	1. 意見を交換しながら、コメントを述べ合う。 2. もらったコメントを参考に、レポートを修正する。
4-1-1	文章を引用し、引用の内容に対して意見を述べる。
4-1-2	主張と根拠を論理的に述べる。
4-2-1	適切に引用できるようになる。
4-2-2	論証型のレポートが書けるようになる。
4-3	1. どこをどう修正するとよいか、具体的なコメントをする。 2. もらったコメントを参考に、レポートを修正する。
5-1-1	図表を説明する。
5-1-2	政策を引用し評価を述べる。
5-2	調査報告型レポートが書けるようになる。
5-3	1. クラスの人のレポートの概要を書き出し、骨子を把握した上でコメントを述べる。 2. もらったコメントを参考に、レポートを修正する。
6-1-1	問題点を指摘し、解決策を提示する。
6-1-2	予想される反論を提示し、反論を受け止めた上で反駁し、自分の主張をまとめる。
6-2	引用を効果的に用いたレポートを作成できるようになる。
6-3	1. クラスの人のレポートの概要を書き出し、骨子を把握した上でコメントを述べる。 2. もらったコメントを参考に、レポートを修正する。

7-1-1 7-1-2	政策や制度を詳しく説明する。 政策や制度に対する二つの異なる立場の意見を紹介する。
7-2	1. 行動提示の文を適切に用いて読みやすいレポートを書けるようになる。 2.「結び」に評価と展望を入れたレポートを書けるようになる。
7-3	1. クラスの人のレポートの概要を書き出し、骨子を把握した上でコメントを述べる。 2. もらったコメントを参考に、レポートを修正する。
8-2-1 8-2-2	自分でテーマを設定し、情報を収集して、複合型（調査報告＋論証）レポートを書けるようになる。
8-3	1. クラスの人のレポートの概要を書き出し、骨子を把握した上でコメントを述べる。 2. もらったコメントを参考に、レポートを修正する。

各課セクション1　テーマと読み物一覧

課	テーマ		読み物
1	異文化間コミュニケーション	1	第7章 異文化の認識 『異文化理解入門』原沢伊都夫 (2013) 研究社
2	新しいサービス	1	オンライン百科事典の日本語版　あなたも共同執筆者に　知識寄せ合い日々成長 『読売新聞』古川英樹　2003.09.02（東京夕刊）
		2	ネットウオッチ：ネット事典「ウィキペディア」「エンゲル係数」の編集合戦　首相答弁に沿った改変／専門家は批判 『毎日新聞』和田浩幸　2018.02.23（東京朝刊）
3	権利	1	グーグルに削除命令、逮捕歴の検索結果、札幌地裁が初判決。 『日本経済新聞』2019.12.13（朝刊）
		2	AIの作品、著作権は？　「5年後にはヒット曲を」 『朝日新聞』木村尚貴・赤田康和　2017.09.19（朝刊）
4	言語	1	フリーター　freeter 『和製英語　伝わらない単語、誤解される言葉』ウォルシュ, スティーブン (2020) 角川文庫
		2	外来語にどう対応すべきか 『日本語学』35 (7) 田中牧郎 (2016) 明治書院
5	外国につながる児童生徒	1	（ラウンジ）日本語教育、行き渡らぬ支援　増える指導必要な生徒、道内は散在／北海道 『朝日新聞』遠藤美波　2019.12.16（朝刊）
		2	移民の統合と排除：グローバリゼーションと多文化主義後退のなかで 『未来共生学』5　宮島喬 (2018) 大阪大学未来戦略機構第五部門未来共生イノベーター博士課程プログラム
6	教育	1	［受験］生まれが「モノ」をいう社会 『データで読む　教育の論点』舞田敏彦 (2017) 晶文社
		2	なくせ、放課後の学び格差　学校外教育にクーポン　千葉市 『日本経済新聞』2019.05.28（日経速報ニュースアーカイブ）
7	社会と福祉	1	水説：スイスからの問い 『毎日新聞』中村秀明　2016.06.15（東京朝刊）
		2	Stage5 どこまでどのように福祉がかかわるか 2. ニーズ充足と平等社会 『ウェルビーイングタウン　社会福祉入門〔改訂版〕』岩田正美・上野谷加代子・藤村正之 (2013) 有斐閣

各課セクション2　レポートの作成の階段の内容一覧

課	階段	タイトル	レポート作成の階段	課題
1	①	レポートの構成要素	**1.レポートの構成要素** ◆レポートとは？ ◆三つの要素が入っている文章のサンプル	「ステレオタイプの例にはどのようなものがあるか」（300〜500字）
2	②	アウトラインの書き方	**1.アウトラインの書き方** ◆アウトラインとは？ ◆アウトラインのサンプル	「新しいサービスの概要、その長所・短所と、自分の意見」（800〜1,200字）
3	③	問いの設定とタイトルの付け方	**1.問いの設定** ◆レポートの型 ◆テーマ・問いを設定する際に考えるべきこと **2.タイトルの付け方** ◆タイトルの設定 ◆タイトルのサンプル	「「権利」をテーマに自分で問いを立てる」（800〜1,200字）
4	④	適切な引用の仕方	**1.適切な引用の仕方** ◆引用の種類 ◆引用の目的 ◆参考文献リストの役割 ◆参考文献リストの書き方 ◆引用の練習	
4	⑤	論証型レポートの書き方	**1.論証型レポートの書き方** ◆論証型レポートの基本的な構成 ◆論証型レポートのサンプル ◆目標規定文と結び（まとめ）を書いてみよう	「「言語」をテーマに自分で問いを立てる」（1,200〜1,600字）
5	⑥	調査報告型レポートの書き方	**1.調査報告型レポートの書き方** ◆調査報告型レポート（文献調査）の基本的な構成 ◆調査報告型レポートのサンプル	「私の国の外国人」（1,200〜1,600字）
6	⑦	効果的な引用の用い方	**1.効果的な引用の用い方** ◆どのように引用を用いるか ◆引用を入れたレポートのアウトラインのサンプル	「教育に関する問題とその解決策」（1,600〜2,400字）一か所以上、引用を入れる。

7	⑧	行動提示の 文／結び （評価と展望）の 書き方	**1. 行動提示の文** ◆行動提示の文とは？ ◆行動提示の文に用いる表現 ◆行動提示の文を入れてみよう **2. 結び（評価と展望）の書き方** ◆評価と展望とは？ ◆評価と展望のサンプル ◆評価と展望に用いる表現	「ある制度に対する 異なる立場の意見の 紹介と自分の考え」 （1,600〜2,400字）
8	⑨	テーマの 設定と 情報集め	**1. テーマの設定と情報集め** ◆テーマを決める ◆情報の集め方 ◆情報を集める際の注意点	「自分で設定した テーマ」（2,400〜 3,600字） 二か所以上引用を入 れる。
	⑩	アウトラインの 検討と レポートの執筆		

第1課　異文化コミュニケーション

S		目標と内容
1	目標	概念の定義を引用し、具体例を挙げ、具体例が定義に当てはまると述べる。
	内容	**1. 読み物** 　第7章　異文化の認識　『異文化理解入門』原沢伊都夫（2013）研究社 　　◆内容確認 　　◆話し合い **2. 表現と練習** 　　◆ Model 表現に注目して読んでみよう 　　◆構成 　概念の定義を引用する。概念に当てはまる具体例を挙げる。詳しく説明 　し具体例が定義に当てはまると述べる。 　　◆表現 　表現1　概念の定義を引用する。 　『辞書名』 によると、 概念 とは「 ～ 名詞 」（のこと）である。 　著者名（刊行年） によれば、 （のこと）を意味する。 　 （のこと）を指す。 　表現2　概念に当てはまる具体例を挙げる。 　　 ～ 〔概念の定義〕 。例えば、 具体例 がそれに当たる。 　表現3　詳しく説明し具体例が定義に当てはまると述べる。 　　 ～ 〔詳しい説明〕 。 したがって、 具体例 は、 名詞句 の 　　 以上のことから、 一例であると言える。 　　 このことから、 　　◆やってみよう 　「ノンバーバル・コミュニケーションの定義と具体例」 **3. 課題** 　「カルチャーショックの定義と具体例」（300～400字）
2	目標	レポートの構成要素を知り、構成要素が入った文章を作成できるようになる。
	内容	**1. レポートの構成要素** 　　◆レポートとは？ 　　◆三つの要素が入っている文章のサンプル **2. レポートを書いてみよう** 　「ステレオタイプの例にはどのようなものがあるか」（300～500字） 　　◆話し合ってみよう 　　◆書いてみよう

第2課　新しいサービス

S	目標と内容	
1-1	目標	サービスや制度の仕組みを分かりやすく説明する。
	内容	**1. 読み物** オンライン百科事典の日本語版　あなたも共同執筆者に　知識寄せ合い日々成長 『読売新聞』古川英樹　2003.09.02（東京夕刊） 　　◆内容確認 　　◆話し合い **2. 表現と練習** 　　◆ Model　表現に注目して読んでみよう 　　◆構成 サービスや制度の概要を述べる。仕組みを説明する。 　　◆表現 表現1　サービスや制度の概要を述べる。 　サービス名 / 制度名　は、　〜名詞　だ。 　　　　　　　　　　　　　　　　　　　である。 表現2　仕組みを説明する。 　Vば、　a.（物が）　V（自）る / V（他）受身形　。 　Vると、　b.（人が）　Vることができる / V可能形る　。 c.　Vる　仕組み　となっている。 　　　　　　　　　　だ。 　　◆やってみよう 「洋服レンタルサービスの概要と仕組み」（200〜300字）。 **3. 課題** 「よく使う比較的新しいサービスやアプリ、または国の制度の概要と仕組み」（200〜300字）。
1-2	目標	長所と短所を踏まえて自分の意見を述べる。
	内容	**1. 読み物** ネットウオッチ：ネット事典「ウィキペディア」「エンゲル係数」の編集合戦 首相答弁に沿った改変／専門家は批判『毎日新聞』和田浩幸　2018.02.23（東京朝刊） 　　◆内容確認 　　◆話し合い **2. 表現と練習** 　　◆ Model　表現に注目して読んでみよう 　　◆構成 長所と短所を述べる。長所や短所を踏まえて意見を述べる。

1-2	内容	◆表現 表現1　長所と短所を述べる。 a.　長所／短所　メリット／デメリット　として（は）、名詞／〜こと　が挙げられる。 b.（○○には）、　〜　という　長所／短所　メリット／デメリット　がある。 表現2　長所と短所を踏まえて意見を述べる。 a.　以上（のこと）から、　〜　と　言える。／考えられる。 b.　以上（のこと）から考えると、／を踏まえて考えると、　〜　と言える。 ◆やってみよう （1）「SNSの長所・短所と自分の考え」（穴埋め）。 （2）「レビューサイトの長所・短所と自分の考え」 　　（既に書いてある部分を除き400〜500字）。 **3. 課題** 「ウィキペディアの長所・短所と今後どのように利用していけばよいか」 （既に書いてある部分を除き300〜500字）。
2	目標	アウトラインを書いた上でレポートを作成できるようになる。
	内容	**1. アウトラインの書き方** 　◆アウトラインとは？ 　◆アウトラインのサンプル **2. レポートを書いてみよう** 「新しいサービスの概要、その長所・短所と自分の意見」（800〜1,200字） 　◆話し合ってみよう 　◆書いてみよう
3	目標	1. クラスの人のレポートを読み、コメントを述べる。 2. もらったコメントを参考に、レポートを修正する。
	内容	◆何のために読み合うのか ◆ルールを決めよう ◆コメントを述べ合い、レポートを修正する

第3課　権利

S	目標と内容	
1-1	目標	ニュースを要約して引用する。
	内容	**1. 読み物** グーグルに削除命令、逮捕歴の検索結果、札幌地裁が初判決。 『日本経済新聞』2019.12.13（朝刊） 　　◆内容確認 　　◆話し合い **2. 表現と練習** 　　◆ Model 表現に注目して読んでみよう 　　◆構成 引用の概要を示す。要約して引用する。 　　◆表現 表現1　引用の概要を示す。 a. 名詞句 が V(自)て いる。 b. 名詞句 が 名詞句 を V(他)て いる。 表現2　要約して引用する。 ○○のホームページ によれば、 ～ 。 ～ という。 ○年○月○日付の『新聞名』 によると、 著者名(刊行年) 　　◆やってみよう （1）新聞記事を2文に要約する。 （2）読み物1を2文に要約する。 **3. 課題** 「万引き犯写真公開」についての新聞記事を2文に要約し、概要を示す文を付けてまとめる（150～250字）。
1-2	目標	問題提起をして、自分の考えを述べる。
	内容	**1. 読み物** AIの作品、著作権は？　「5年後にはヒット曲を」 『朝日新聞』木村尚貴・赤田康和　2017.09.19（朝刊） 　　◆内容確認 　　◆話し合い **2. 表現と練習** 　　◆ Model 表現に注目して読んでみよう 　　◆構成 問題を提起する。自分の考えを述べる。

1-2	内容	◆表現 表現1　問題を提起する。 　a.　[　～　] のだろうか 　b.　[疑問語] [　～　] のだろうか 表現2　自分の考えを述べる。 　[　～　] と | 思われる。 　　　　　　　 | 考えられる。 ◆やってみよう 　「成人年齢引き下げ」（既に書いてある部分を除き150〜250字）。 **3. 課題** 　「3-1-1で読んだ新聞記事の男性に対して忘れられる権利を認めるべきか」 （要約文を除き300〜400字）。
2	目標	自分で問いを立ててレポートを作成できるようになる。
	内容	**1. 問いの設定** 　◆レポートの型 　◆テーマ・問いを設定する際に考えるべきこと **2. タイトルの付け方** 　◆タイトルの設定 　◆タイトルのサンプル **3. レポートを書いてみよう** 　「権利をテーマに自分で問いを立てる」（800〜1,200字）。 　◆話し合ってみよう 　◆書いてみよう
3	目標	1. 意見を交換しながら、コメントを述べ合う。 2. もらったコメントを参考に、レポートを修正する。
	内容	◆話し合いの上手な進め方 ◆話し合いのサンプル ◆コメントを述べ合い、レポートを修正する

S		目標と内容
1-1	目標	文章を引用し、引用の内容に対して意見を述べる。
	内容	**1. 読み物** フリーター　fritter『和製英語　伝わらない単語、誤解される言葉』ウォルシュ,スティーブン（2020）　角川文庫 　　◆内容確認 　　◆話し合い

2. 表現と練習

　◆ Model 表現に注目して読んでみよう
　◆構成
発話を表す動詞を使って引用する。引用の内容に対して意見を述べる。
　◆表現
表現１　発話を表す動詞を使って引用する。
（1）間接引用

著者名(刊行年) は、 ～ と Vて いる。

（2）直接引用

著者名(刊行年) は、「 ～ 」と Vて いる。

表現２　引用の内容に対して意見を述べる。
（1）引用の内容を肯定する

～（引用文）。 著者名(刊行年) の指摘の通り、 ～ 。
　　　　　　　　　　　　　　 が述べているように、

（2）引用の内容を受け止めた上で、異なる意見を述べる

～（引用文）。確かに、 ～ 。しかし、 ～ 。

（2）引用の内容を評価する

～（引用文）。これは、 ～ 指摘／主張 である。

　◆やってみよう
　「外来語と原語のずれが外国語学習の妨げになるか」（既に書いてある部分を除き(1)(2)各150〜250字）。
　（1）引用文の内容を肯定する。
　（2）引用の内容を受け止めた上で、異なる意見を述べる。

3. 課題

　「英語をカタカナに置き換えて発音することに対する意見」
　（300〜400字）。

1-2	目標	主張と根拠を論理的に述べる。

1-2	内容	**1. 読み物** 外来語にどう対応すべきか『日本語学』35（7）田中牧郎（2016）明治書院 　◆内容確認　◆話し合い **2. 表現と練習** 　◆ Model 表現に注目して読んでみよう 　◆構成 主張を述べる。主張を支える理由を述べる。主張と理由を論理的に結びつけるための知識・情報を述べる。 　◆表現 表現1　主張を支える理由を述べる。 a. ～ 〔主張〕 。なぜなら（ば）、 ～ から だ。 　　　　　　　　　　　　　　　 ～ ため である。 b. ～ 〔主張〕 。その理由として、 ～ こと が挙げられる。 　◆論理的な文章の書き方 　　主張と理由を論理的に結びつけるための知識・情報を述べる。 　◆やってみよう 　　「漢字の使用を続けるべきだ」という主張とその理由を論理的に結びつける知識や情報を図に書き出す。 **3. 課題** 　　「漢字の使用を続けるべきだ」という主張と根拠（400〜600字）。
2-1	目標	適切に引用できるようになる。
	内容	**1. 適切な引用の仕方** 　◆引用の種類　　　　　　◆引用の目的 　◆参考文献リストの役割　◆参考文献リストの書き方　◆引用の練習
2-2	目標	論証型のレポートが書けるようになる。
	内容	**1. 論証型レポートの書き方** 　◆論証型レポートの基本的な構成 　◆論証型レポートのサンプル 　◆目標規定文と結び（まとめ）を書いてみよう **2. レポート書いてみよう** 　　「言語をテーマに自分で問いを立てる」（1,200〜1,600字）。 　　4-2-1の資料などを用いて、一つ以上引用を入れる。 　◆話し合ってみよう　◆書いてみよう
3	目標	1. どこをどう修正するとよいか、具体的なコメントをする。 2. もらったコメントを参考に、レポートを修正する。
	内容	◆サンプルのレポートを読み修正案を考えてみる 　◆コメントを述べ合い、レポートを修正する

S	目標と内容	
1-1	目標	図表を説明する。
	内容	**1. 読み物** （ラウンジ）日本語教育、行き渡らぬ支援　増える指導必要な生徒、 道内は散在／北海道 『朝日新聞』遠藤美波　2019.12.16（朝刊） 　　◆内容確認　◆話し合い
		2. 表現と練習 　　◆ Model 表現に注目して読んでみよう 　　◆構成 何の図表であるかを述べる。データを説明する。判明事項（データからわかること）を述べる。 　　◆表現 表現1　何の図表であるかを述べる。 図○ / 表○ は、 名詞句 を示したものである。 表現2　データを説明する。 (1)（ 名詞句 を見てみると、） 数値 に V いる。 　　　　　　　　　　　　　　　　を V いる。 　　　　　　　　　　　　　　　　となっている。 　　　　　　　　　　　　　　　　である。 (2)　 具体的な数値 と、 ～ 。 表現3　判明事項（データからわかること）を述べる。 以上のデータ から ～ こと がわかる。 この数値 より ～ と言える。 　　◆論理的な文章の書き方（データと判明事項） 　　◆やってみよう 「日本語指導が必要な高校生等の中途退学率のデータの説明と判明事項」 （既に書いてある部分を除き100～200字）。 **3. 課題** 「都道府県別日本語指導が必要な児童生徒数のデータの説明と判明事項」 （200～400字）
1-2	目標	政策を引用し評価を述べる。
	内容	**1. 読み物** 移民の統合と排除：グローバリゼーションと多文化主義後退のなかで 『未来共生学』5　宮島喬（2018）大阪大学未来戦略機構第五部門未来共生イノベーター博士課程 　　◆内容確認　◆話し合い

1-2	内容	**2. 表現と練習** ◆ Model 表現に注目して読んでみよう ◆構成 引用する。引用を自分の言葉でまとめる。政策に対する評価を述べる。 ◆表現 表現1　発話を表す動詞の受身形を用いて引用する。

表現1

著者名(刊行年)	では、	次のように	述べられている。
○年○月○日付の『新聞名』		～ と	指摘されている。
●●のホームページ		～こと が	

表現2　引用の内容を自分の言葉でまとめる。

つまり、	～ 。
このように、	

表現3 政策に対する評価を述べる（理解を示した上で、問題点を指摘する）。

～こと/点 は、	名詞句 として	は、	評価できる。	しかし、	～ （問題点）。
	～という観点 から、		理解できる。	ただ、	
			妥当である。		

◆やってみよう
「外国籍児童の就学義務に関する意見」（穴埋め）

3. 課題
日本の留学生の資格外活動に関する法律を引用し、評価を述べる。（穴埋め）

2	目標	調査報告型のレポートが書けるようになる。
	内容	**1. 調査報告型レポートの書き方** ◆調査報告型のレポート（文献調査）の基本的な構成 ◆調査報告型レポートのサンプル **2. レポートを書いてみよう** 「私の国の外国人」（1,200～1,600字）。 ◆話し合ってみよう ◆情報収集 ◆書いてみよう
3	目標	1. クラスの人のレポートの概要を書き出し、骨子を把握した上でコメントを述べる。 2. もらったコメントを参考に、レポートを修正する。
	内容	◆概要を書き出し、コメントを準備する ◆コメントを述べ合い、レポートを修正する

S		目標と内容
1-1	目標	問題点を指摘し、解決策を提示する。
	内容	**1. 読み物** [受験] 生まれが「モノ」をいう社会　『データで読む　教育の論点』舞田敏彦 (2017) 晶文社 　　◆内容確認 　　◆話し合い **2. 表現と練習** 　◆ Model 表現に注目して読んでみよう 　◆構成 現状を述べ、問題が解決されていないことを述べる。解決策を提示する。解決策によって見込まれる効果や変化を述べる。 　◆表現 表現1　現状を述べ、問題が解決されていないことを述べる。 | V | きた。| しかし、| a.(物が) | V(自)て／V(他)受身形 | いない。 | V | いる。| | a'.(物が) | Vて | おらず、| 〜 | 。 | | | | b.(人／組織が) | V可能ない形 | ずにいる。 表現2　解決策を提示する。 | Vること | は、| 〜の解決策 | (の一つ) | である | と考えられる。 | 名詞句 | | Vる方法 | (の一つ) | になる | と思われる。 表現3　解決策によって見込める変化や効果を述べる。 | Vば、| | a. 名詞句 | が | 〜くなる／〜になる／V(自)る | 。 | Vること／名詞句 | によって、| b.(人が) | Vることができる／V(他)可能形る | 。 | Vること／名詞句 | で | | | 　◆やってみよう 「義務教育の画一性を改善する方法」 (既に書いてある部分を除き200〜400字)。 **3. 課題** 「経済的格差による教育機会の不平等とその解決策の提案」(400〜600字)
1-2	目標	予想される反論を提示し、反論を受け止めた上で反駁し、自分の主張をまとめる。
	内容	**1. 読み物** なくせ、放課後の学び格差　学校外教育にクーポン　千葉市 『日本経済新聞』2019.05.28 (日経速報ニュースアーカイブ) 　　◆内容確認 　　◆話し合い

1-2	内容	**2. 表現と練習** ◆ Model 表現に注目して読んでみよう ◆構成 予想される反論を提示する。反論を受け止めた上で反駁する。自分の主張をまとめる。 ◆表現 表現1　予想される反論を提示する。 ~〔主張〕一方で、これ/~名詞 に対しては、 ~ という反論が予想される。 表現2　反論を受け止めたうえで反駁する。 確かに、 ~〔反論を受けとめる〕 しかし、 ~〔反駁〕。 表現3　自分の主張をまとめる。 ~〔主張と予想される反論と反駁〕。このように、 ~ ◆説得力のある反駁の書き方 ◆やってみよう 「小学校における英語教育の開始年齢の引き下げ」（既に書いてある部分を除き250～450字） **3. 課題** 「経済的格差による教育機会の不平等の解決策（予想される反論と反駁）」（300～500字）
2	目標	引用を効果的に用いたレポートを作成できるようになる。
	内容	**1. 効果的な引用の用い方** ◆どのように引用を用いるか ◆引用を入れたレポートのアウトラインのサンプル **2. レポートを書いてみよう** 「教育に関する問題とその解決策」（1,600～2,400字）。一か所以上、引用を入れる。 ◆話し合ってみよう ◆書いてみよう
3	目標	1. クラスの人のレポートの概要を書き出し、骨子を把握した上でコメントを述べる。 2. もらったコメントを参考に、レポートを修正する。
	内容	◆概要を書き出し、コメントを準備する ◆コメントを述べ合い、レポートを修正する

S		目標と内容
1-1	目標	政策や制度を詳しく説明する。
	内容	**1. 読み物** 水説：スイスからの問い『毎日新聞』中村秀明　2016.06.15（東京朝刊） 　　◆内容確認　◆話し合い
		2. 表現と練習 　　◆ Model 表現に注目して読んでみよう 　　◆構成 　どのような制度があるか述べる。制度を詳しく説明する。 　　◆表現 　表現1　どのような制度があるかを述べる。 　　～　では　制度　が　V（他）受身形て　いる。 　表現2　制度を詳しく説明する。 　（1）言い換えて説明する。 　　～　。つまり　～　。 　（2）分類を示す。 　a.　名詞句　には、A、B、Cがある。 　b.　名詞句　は、A、B、Cに　分けられる。 　　　　　　　　　　　　　　　　　分類される。 　（3）例を挙げる。 　　～　。　例えば、　　～　。 　　　　　　具体的には、 　　◆やってみよう 　　（1）「消費税の概要」（穴埋め）。 　　（2）「高等教育の就学支援新制度」（穴埋め）。 **3. 課題** 　日本の公的年金制度を説明する（400〜600字）。
1-2	目標	政策や制度に対する二つの異なる立場の意見を紹介する。
	内容	**1. 読み物** Stage5 どこまでどのように福祉がかかわるか　2. ニーズ充足と平等社会 『ウェルビーイングタウン　社会福祉入門〔改訂版〕』岩田正美・上野谷加代子・ 藤村正之（2013）有斐閣 　　◆内容確認　◆話し合い
		2. 表現と練習 　　◆ Model 表現に注目して読んでみよう 　　◆構成 　問題の背景・原因を述べる。二つの異なる立場の意見を紹介する。

1-2	内容	◆表現 表現1　問題の原因・背景を述べる a. \[〜 （問題の現状）\]。\[〜 背景 \]には\[名詞句 / 〜こと \]がある。 b. \[〜 （問題の現状）\]。\[〜 原因 \]として（は）、\[名詞句 / 〜こと \]が\[挙げられる。 考えられる。 \] 表現2　二つの異なる立場の意見を紹介する。 (1) 二つの異なる立場の意見を当事者の視点に立って紹介する。 a. \[名詞句（人・立場）\]\[からすると、 にしてみれば、 \]\[〜 \]。 b. \[名詞句（人・立場）\]にとっては、（\[名詞句 \]は、）\[〜こと / もの / 制度等 \]である。 (2) 二つの異なる立場の意見を第三者の視点から紹介する。 　\[名詞句（人・立場）\]は、\[〜 \]と\[主張している。 考えている。 \] ◆やってみよう (1) 「国民年金制度をめぐる議論の背景（穴埋め）。 (2) 「運転免許の年齢制限に対する異なる二つの立場の意見」（既に書いてある部分を除き300〜500字） **3. 課題** 「ベーシックインカムに対する異なる二つの立場の意見」（既に書いてある部分を除き300〜500字）
2	目標	1. 行動提示の文を適切に用いて読みやすいレポートを書けるようになる。 2. 「結び」に評価と展望を入れたレポートを書けるようになる。
2		**1. 行動提示の文** 　　◆行動提示の文とは？ 　　◆行動提示の文に用いる表現 　　◆行動提示の文を入れてみよう **2. 結び（評価と展望）の書き方** 　　◆評価と展望とは？ 　　◆評価と展望のサンプル 　　◆評価と展望に用いる表現 **3. レポートを書いてみよう** 　　「ある制度に対する異なる立場の意見の紹介と自分の考え」（1,600〜2,400字）。 　　◆話し合ってみよう　◆書いてみよう
3	目標	1. クラスの人のレポートの概要を書き出し、骨子を把握した上でコメントを述べる。 2. もらったコメントを参考に、レポートを修正する。
3	内容	◆概要を書き出し、コメントを準備する ◆コメントを述べ合い、レポートを修正する

S	目標と内容		
1			
2-1	目標		自分でテーマを設定し、情報を収集して、複合型（調査報告＋論証）レポートが書けるようになる。
	内容		**1. テーマの設定と情報集め** ◆テーマを決める ◆情報の集め方 ◆情報を集める際の注意点 **2. アウトラインを作成しよう** 「自分で設定したテーマ」（2,400〜3200字）。二か所以上、引用を入れる
2-2	内容		**1. アウトラインを検討しよう** **2. レポートを書いてみよう**
3	目標		1. クラスの人のレポートの概要を書き出し、骨子を把握した上でコメントを述べる。 2. もらったコメントを参考に、レポートを修正する。
	内容		◆概要を書き出し、コメントを準備する ◆コメントを述べ合い、レポートを修正する

〈確認表〉の文言一覧

各課共通の項目

	項目	1課	2課	3課	4課	5課	6課	7課	8課
はじめに	問題提起の背景が丁寧に説明してある。				○				○
	問題提起の文（レポートの問い）がある。			○	○	○	○	○	○
	目標規定文がある。				○	○	○	○	○
本論	問いに対する明確な答えがある。	○	○	○	○	○	○	○	○
	なぜその答えなのかが丁寧に説明してある。	○			○	○			○
むすび	「まとめ」が目標規定文と対応している。					○	○	○	○
	評価または展望が書いてある（両方でも可）。							○	○
引用	一か所（または二か所）以上引用があり、最後に参考文献が記載されている。					○		○	○
	どこからどこまでが引用か分かるように書いてある。						○	○	○
	引用した内容を自分の言葉でまとめてある。						○		○
	引用箇所を参考文献リストと結ぶことができる。					○	○	○	○
	参考文献リストに必要な項目が書いてある。						○	○	○
タイトル	本文の内容に合った適切なタイトルが付けてある。			○	○				○
行動提示	適宜、行動提示の文が使われている。							○	○

各課の目標に関わる各課独自の項目

課	項目
1	ステレオタイプの定義が書いてある。
2	どのようなサービスか、そのサービスを知らない人も分かるように説明してある。
	長所と短所が丁寧に説明してある。
3	その権利がどのような権利か等、背景説明がある。
5	調査した内容を引用している。
	調査した内容に対する筆者の意見や考察が述べてある。
6	解決策により、どのような過程を経て問題が解決するかが、丁寧に説明してある。
	予想される反論が反論であるとわかるように書いてある。
	予想される反論に対して、適切な反駁が書いてある。
7	制度について、その制度を知らない人もわかるように説明してある。
	二つの異なる立場の意見が第三者の意見であるとわかる書き方で丁寧に説明してある。
	二つの立場の意見をふまえて、自分の意見を分かりやすく述べている。

[著者紹介]

村上 佳恵（むらかみ かえ）

山形県生まれ。学習院大学大学院人文科学研究科博士後期課程修了。博士（日本語・日本文学）。専門は、日本語教育，現代日本語の文法。城西国際大学助教などを経て，現在，法政大学社会学部准教授。著書に『感情形容詞の用法―現代日本語における使用実態―』（笠間書院，2017），『日本語受身文の新しい捉え方』（庵功雄編，くろしお出版，2022）（分担執筆：第2章「初級の日本語の教科書の受け身の取り扱い」）など

李 址遠（い じうぉん）

韓国出身。早稲田大学大学院日本語教育研究科博士後期課程修了。博士（日本語教育学）。専門は言語教育学，言語人類学。法政大学，大阪教育大学を経て，現在，お茶の水女子大学大学院人間文化創成科学研究科講師。主な論文として、「移動の語りと自己アイデンティティ―空間・時間・人間像のクロノトポス的表象に注目して―」（『社会言語科学』26巻1号）など

はじめての
レポート作成トレーニング

著者▶村上佳恵・李 址遠

©Kae MURAKAMI, Jiwon LEE, 2024

発行日▶2024年 3月31日　第1刷発行

発行所▶岡野 秀夫

発行所▶株式会社くろしお出版
　　　　〒102-0084
　　　　東京都千代田区二番町4-3
　　　　Tel. 03-6261-2867　www.9640.jp

印刷所▶シナノ書籍印刷　　装丁・レイアウト▶工藤亜矢子
協　力▶エディット

ISBN ▶978-4-87424-973-4 C1000　Printed in Japan